Som dones, som lingüistes, som moltes i diem prou

M. Carme Junyent (ed.)

Som dones, som lingüistes, som moltes i diem prou.

Prou textos incoherents i confusos. Canviem el món i canviarà la llengua

Eumo Editorial

© d'aquesta edició:
Eumo Editorial. C. Doctor Junyent, 1. 08500 Vic
www.eumoeditorial.com - eumoeditorial@eumoeditorial.com
—Eumo és l'editorial de la UVic-UCC—

Primera edició: setembre de 2021

Disseny de la coberta i la maqueta: Enric Jardí
Maquetació: Grafime

Imprès a Liberdúplex

DL: B 13636-2021
ISBN: 978-84-9766-742-5

Sumari

EL LÈXIC I ELS MORFEMES

LES ALTRES LLENGÜES

Debatre (en)raonadament

És un fet natural que hi hagi diversitat d'opinió sobre tots i cadascun dels fets de la realitat, que hi hagi idees i comportaments diferents. I també és raonable que la diferència es defensi amb arguments amb la intenció de convèncer l'altra persona que no té la mateixa opinió. La diversitat és un bé preuat en tots els àmbits del pensament i de l'existència, sense diversitat ens veuríem abocats al pensament únic, a l'homogeneïtzació robòtica, a una uniformitat esparveradora. Si la diversitat, però, l'acceptem com un fet que cal defensar en el terreny de les diferències físiques i materials, per què ens costa més d'acceptar-la en les idees, i sobretot en algunes idees? Hi ha alguna cosa que passa i que no la diem explícitament. Quan parlem d'expressió lingüística del gènere, que és a fi de comptes un tema opinable, es produeix un enfrontament soterrat que surt a la superfície al menor gest.

Que les llengües no són simples sistemes de signes i combinacions per expressar idees i sentiments ho sabem totes les persones que ens dediquem a l'estudi del llenguatge. I que les llengües serveixen per manipular-nos (en el sentit literal del terme), els uns als altres, també ho sabem. Sabem i assumim que les llengües són construccions socials i culturals en evolució constant que reflecteixen una o diverses categoritzacions del món en què vivim. I també que canviar el llenguatge no canvia la realitat, però sí que contribueix a presentar-la de manera diferent.

Però per què el llenguatge, que serveix per entendre'ns i per debatre, esdevé tan polèmic i fins i tot confrontatiu quan el prenem com a tema d'expressió del gènere?

L'argumentació és una arma imprescindible per aconseguir convèncer sense violència si la utilitzem des de l'honestedat intel·lectual. No hi ha res de malèvol en el fet d'intentar convèncer l'altre o l'altra d'allò que veiem tan clar, tan evident. Altra cosa és quan en fem una mala pràctica, una pràctica que enganya i embolica, perquè no condueix enlloc. Debatre i discutir contribueix positivament a arribar a conclusions que ens fan avançar en la reafirmació del que pensem o en la modificació del nostre pensament o acció. Nosaltres i les altres persones que no som nosaltres, però, constituïm un entramat en el qual les intencions i les percepcions tenen el seu paper.

No posaria en dubte mai, potser fora de determinades situacions molt singulars, que les persones tenim bones intencions i que d'entrada no ens proposem ofendre les altres, sobretot quan hi ha una determinada sensibilitat cap a la diferència del que som o dels patrons culturals que hem assimilat.

Quan alguna cosa es mou en el llenguatge alguna cosa es mou en la cultura, vaig llegir en alguna publicació que ara no aconsegueixo recordar. La sensibilització pel tema del gènere, paral·lela a la sensibilització per qualsevol diferència marcada o marcable socialment, ha anat *in crescendo.* La progressió, en la meva opinió, ha anat adquirint al llarg del temps objectius diferents i s'ha anat movent entre el discurs i el sistema de la llengua. En principi vam parlar de política de correcció, una manera potser massa ordenada i un punt frívola d'actuar per no caure en allò que no convenia, que no era ben vist des del punt de vista social. L'expressió «políticament correcte» podia dur-nos a la banalització del contingut, a una mera actuació de forma. També des del començament vam parlar de llenguatge no sexista, que posava èmfasi en els biaixos que actuaven, molt sovint sense una intencionalitat explícita, com a parany. El llenguatge sexista era i és una conseqüència d'una societat sexista que cal canviar, i en això totes les persones mínimament sensibilitzades pel tema hi estan d'acord. També es va parlar de llenguatge no androcèntric posant l'accent no tant en el privilegi d'un sexe per damunt d'un altre, sinó en el fet de transmetre sense reflexió un contingut centrat en una sola mirada, la masculina. I quan el que s'ha volgut destacar és el fet que privilegiant la mirada masculina no es feia visible el col·lectiu de les dones, hem parlat de llenguatge visibilitzador o igualitari, que és una concepció proactiva en favor de fer explícita la presència de les dones, una posició feminista activa a través de desdoblaments, feminització de càrrecs i oficis i evitació de l'ús del masculí genèric en casos en què era palès que no s'incloïa la dona, o en tots els casos en què un genèric podia evitar-ho.

La gradació, però, encara continua, i avui parlem de llenguatge inclusiu. Amb aquesta expressió es dona pas a dues actituds. La primera, la que usa el llenguatge natural, i doncs la morfologia pròpia de les llengües, intentant resoldre la invisibilització de les dones, però sense forçar els patrons morfològics que les llengües ens ofereixen. I una segona actitud, la que proposa, forçant el llenguatge natural, fórmules artificials que, més enllà de la divisió tradicional masculí-femení basada en el reconeixement de dos sexes, representin l'àmplia gamma de possibilitats sexuals a partir de la percepció de cada col·lectiu. És així que s'han anat fent propostes que volen evitar la dicotomia femení-masculí, com la creació d'un gènere gramatical nou que representi la diversitat a través de fórmules com el signe @, el morfema flectiu *-e* o *-i*, alternatives que respecto en la mesura que estan basades en una convicció, però que de moment em semblen excessivament forçades.

És l'ús de les llengües que fa forat en el sistema gramatical i provoca canvis en el sistema gramatical. Un canvi que és producte de l'ús es legitima per si mateix. Els canvis gramaticals, però, que es volen imposar al marge de l'ús social en ús, tot i ser recursos legitimats per una militància activa, posen traves a una comunicació fluida. Vigilar el discurs per no caure en expressions sexistes, esbiaixades o invisibilitzadores de la diversitat de gèneres ha de formar part de les bones pràctiques i del bon ús de la llengua. Però, en la meva honesta opinió, això és difícil que passi forçant una solució artificial que sol quedar limitada a cercles restringits.

M. Teresa Cabré
Barcelona, maig de 2021

Introducció

La revolució institucional

Quan vaig pensar en aquest llibre, no podia preveure que fer-ne la introducció em seria tan difícil. La idea no és tan complicada: convocar un gran nombre de dones que, d'una manera o d'una altra, es dediquen a la llengua i demanar-los que diguessin la seva en la qüestió del gènere, o de la llengua no sexista, o de la llengua inclusiva o com en vulgueu dir. Atès que la meva opció en aquesta qüestió és prou coneguda, la crida va ser prou explícita. En la invitació que vaig enviar hi deia: «La meva posició crec que és prou clara però no espero ni adhesions ni suports: més aviat coneixements, reflexió i experiència (o experiències). Potser tot plegat es pot resumir en una mica de sentit comú». El cas és que el lector es trobarà amb opcions molt variades i amb textos a vegades apassionats, a vegades emotius i sempre assenyats. També hi trobarà molt coneixement silenciat, perquè al capdavall sempre és més fàcil maquillar la superfície i no aprofundir-hi, no fos cas que prenguéssim mal i haguéssim de canviar unes quantes coses, fer unes quantes renúncies i enfrontar-nos a la realitat.

El que m'està fent difícil aquesta introducció, però, no és el que hi ha, sinó el que ningú no veurà i el que jo crec que s'ha de denunciar. Si tothom hagués acceptat la invitació, aquest llibre comptaria amb més de cent col·laboracions. Hi ha hagut, doncs, un gran nombre de renúncies. Les causes de la renúncia es poden reunir en tres grups: les que no estaven d'acord amb les condicions, les que tenien feina i no tenien temps per fer un article i, finalment, les que no volien dir el que pensen, o no s'hi atrevien. I això és el que em fa difícil fer aquesta introducció. De debò, era aquí on volíem arribar?

Si hi ha una cosa que sempre m'ha sabut greu és que, si jo he sortit més o menys viva d'aquest debat, és perquè soc una dona. Als homes que han dit el mateix que jo els ha passat de tot, des de campanyes de desprestigi fins a insults i acusacions de tota mena. Si això no és sexisme, que m'ho expliquin. Però és que, a més, quan els homes s'han apropiat d'aquestes propostes «inclusives» han perpetuat la seva posició i el seu poder i ens han vingut a explicar què hem de fer. Per això volia que fossin dones les que parlessin, perquè amb llengua inclusiva o sense, els homes continuen dient-nos què hem de fer.

Però tornem a la por. Hem aconseguit que la gent que no hi està d'acord i que treballa o a la universitat (*Libertas perfundet omnia luce*) o a l'administració no s'atreveixi a dir què pensa. Sense entrar en detalls que trairien la confiança de les que han estat franques amb mi, us en poso algun exemple. En un mitjà de comunicació públic un text sobre assetjament escolar que diu «Imagina't si t'ho fessin a tu, no voldries que algú sortís en la teva defensa ni que sigui explicant-ho als pares, als professors o a un adult?» torna corregit així per la unitat d'igualtat d'un departament de la Generalitat: «Imagina't si t'ho fessin a tu, no voldries que *alguna persona* sortís en la teva defensa ni que sigui explicant-ho a *la família, al professorat o a una persona adulta*?». I en una universitat: «Ens demanen que fem formació en aquest sentit i mirem de fer-la per grups o àrees de treball, per poder adequar els exemples de comunicació i de llengua a cada àmbit laboral concret. Actualment s'hi afegeix la complexitat del tractament de les persones transgènere no binàries». I en una altra: «A mi ja em vas convèncer des del primer moment i, des de llavors, he defugit qualsevol conversa o debat sobre el gènere per no posar-me nerviosa (...). De moment, ningú m'ha vingut darrere amb el llibre d'estil, més enllà de recomanacions de bones pràctiques, que ja deus saber que són moltes a la meva universitat (en els formularis, jo soc persona investigadora principal i dirigeixo persones alumnes)». O una altra: «Per tot el que t'explico, potser val més que no participi en el projecte, perquè em sento compromesa a fer aquest camí encara que no sàpiga on ens portarà». O, una treballadora del CPNL, que em diu: «Perquè he/hem d'aplicar, amb sentit comú, les propostes que marca la Generalitat de Catalunya: un ús no sexista del llenguatge (formes genèriques, formes dobles i formes concretes)».

Crec que ja n'he donat prou, d'exemples. Però amb la darrera sorgeix una altra pregunta: qui és la Generalitat de Catalunya per fer propostes de com hem de parlar o escriure? Perquè, és clar, si l'autoritat sobre la llengua la tenen els polítics, aleshores hem d'acceptar les propostes dels ajuntaments creatius, començant pel de Barcelona amb els seus *donanatges* (perquè les dones no devem ser prou bones perquè ens facin homenatges), o el de Sentmenat amb els seus tions i tiones (les tiones amb trenes, és clar; com, si no, sabríem que no són tions?), o el de les Masies de Voltregà amb Sant Jordi i Santa Jordina (a veure si se'n recorden dels seus patrons i surten amb una Santa Lluciana i una Santa Marciana). Però tot plegat ens porta a una pregunta més inquietant: no es tractava d'igualtat? No es tractava de visibilitzar les dones? Com és que la mateixa Generalitat acaba banalitzant la igualtat proposant vacances per a «gossos i gosses»?

Les directrius per canviar la llengua, per fer-la més inclusiva o per visibilitzar les dones, van començar als anys setanta. Potser ningú no va pensar que els canvis lingüístics, si no venen de baix, és molt difícil que arrelin, i per això va arribar un moment en què va ser el poder que va començar a imposar-los: cursos per a tots els ajuntaments, centres cívics i associacions, guies de llengua no sexista i totes les campanyes que calguessin. Tot plegat va aconseguir que allò que havia de ser un canvi natural resultat del canvi de la societat es convertís en un canvi induït de conseqüències imprevisibles. El pitjor de tot, però, és que són els que manen els que s'han apoderat de la voluntat de les dones i ara ens l'imposen. Quina paradoxa, la revolució institucional. Quim Monzó, en un article sobre la versió d'«Els segadors», ho explicava molt bé:

> «De versions d'Els segadors n'hi ha un munt, incloent-n'hi una en *heavy-metal*. Però no s'interpreten mai en un acte de presa de possessió perquè, si es fa, s'assumeix que les institucions s'arroguen la distorsió i llavors la gamberrada perd tot l'efecte. És el que va passar dilluns al pati dels Tarongers. Una versió que volia ser revolucionària es va convertir en una exhibició penosa.»[1]

O, com diu Irene Vallejo: «No nos dejemos engañar: la subversión no puede ejercerse desde el poder, ni convertirse en marca o mercancía».[2]

Si la lluita per l'alliberament i la igualtat d'homes i dones ha estat fagocitada pel poder, tornem a ser on érem: ens continuen dient què hem de fer, com hem de parlar i com hem de

1. Monzó, Quim. «Catalunya triomfant». *La Vanguardia*, 27 de maig de 2021, p. 21.
2. Vallejo, Irene. «Rebelde sin pausa». *El País Semanal*, 8 de maig de 2021.

pensar, si és que hem de pensar, perquè si gosem fer-ho tenim tota una maquinària per controlar-nos: no tens perspectiva de gènere? Problemes. I jo em demano què faríem si a la universitat ens imposessin elaborar plans docents amb perspectiva eurocèntrica, o marxista, o cristiana, o androcèntrica, o... Seguiríem tan cofois pensant que hem avançat molt en la lluita per l'alliberament?

El projecte

Com ja he dit, la idea inicial era convidar un gran nombre de dones, especialment lingüistes però no tan sols, que es dediquessin professionalment a la llengua perquè hi diguessin la seva. La proposta era que enfoquessin el tema de la manera que els semblés més adient a partir de la seva experiència i àrea d'expertesa. La dificultat més gran era la limitació d'espai (3.000 caràcters). La intenció de la brevetat és clara: es tracta d'aportar idees que es puguin desenvolupar. A grans trets, vaig adreçar la convocatòria a: lingüistes, periodistes i assessores lingüístiques de mitjans de comunicació; escriptores, traductores i/o correctores; treballadores en serveis lingüístics d'organismes oficials, i ensenyants de llengua (o llengües).

En el cas de les lingüistes, trobo que hi ha aspectes bàsics que és important fer entendre, com ara que el canvi en el lèxic és radicalment diferent del canvi gramatical, i també que el desori morfosintàctic que han provocat els desdoblaments ha generat si més no una inseguretat en les concordances que algú hauria d'intentar aturar. En la propaganda institucional recent de l'Ajuntament de Barcelona he arribat a trobar totes aquestes combinacions:

Il·lustríssims veïns i veïnes
Il·lustríssimes veïnes i veïns
Il·lustríssims veïnes i veïns
Il·lustríssims veïna i veí
Il·lustríssim veí i veïna

Potser n'hi ha més, ho desconec, però, si no m'erro, hi ha més combinacions possibles i ja es veu que pot passar de tot. Jo mai no m'he plantejat la qüestió del gènere com una qüestió de normativa —la normativa, al capdavall, ha de triar entre els usos, no se'ls pot inventar—, però davant d'aquests casos lamento que cap autoritat no s'hagi manifestat. També crec que les lingüistes poden explicar perquè no és equiparable un canvi en les concordances a un canvi en els diacrítics, per posar un exemple prou conegut. L'ortografia no deixa de ser una opció, el funcionament de la llengua no ho és. Forçar una llengua implica creure que pensem que ho podem fer millor que la humanitat en el seu conjunt. És el que han fet els que han interpretat el gènere no marcat com a privatiu d'un sexe. No els donem la raó acceptant la seva imposició i jugant el seu joc, sobretot perquè, com diuen Hellinger i Pauwels: «En general, els termes femenins no s'utilitzen de la mateixa manera; poden estar marcats estilísticament i en moltes llengües tenen connotacions negatives, cosa que els fa inacceptables en contextos neutres i fins i tot específicament femenins. En canvi, els termes masculins, o bé son neutres o bé tenen connotacions positives».[3]

3. Hellinger, M. i Pauwels, A. (2007) «Language and sexism». Dins: M. Hellinger i A. Pauwels (ed.). *Handbook of Language and Communication: Diversity and Change*. Berlín/Nova York: De Gruyter Mouton, p. 651-684: «Generally, feminine/female terms are not consistently used; they may be

Allà on crec que és més necessària l'aportació de la lingüística, però, és en la gran damnificada d'aquest debat: l'anàlisi del discurs o l'anàlisi de la conversa. Una repassada a les guies de llengua no sexista ens mostra que, bàsicament, el que aporten són alternatives a termes que suposadament invisibilitzen les dones, però rarament parlen d'allò que és més important: quines estratègies es fan servir per invisibilitzar-les, menystenir-les o ignorar-les. De fet, és aquesta branca de la lingüística la que és fonamental en el debat sobre la llengua de les dones i, en canvi, és una de les més ignorades a casa nostra. De veritat, si hem de formar els joves en la igualtat, aquesta és la part fonamental. Perquè estem reproduint patrons masclistes inconscientment mentre perdem el temps en una categoria tan arbitrària com el gènere.

Un altre grup de convocades per a aquest treball van ser les relacionades amb els mitjans de comunicació. Paradoxalment, un àmbit que, com el seu nom indica, té com a objectiu la comunicació, també pot ser víctima d'aquesta imposició que el que fa, sobretot, és obstaculitzar la comunicació. Els partits polítics que han optat per aquestes formes més o menys creatives, des de l'ús del femení com a no marcat fins a la incorporació d'un tercer gènere, haurien de ser conscients de fins a quin punt, després de les intervencions, la gent es dedica a comentar com han parlat però rarament mencionen el que han dit. Potser per això aquestes propostes no han tingut gaire èxit en els mitjans, especialment els escrits. Sempre he dit que per a mi l'economia del llenguatge no és un

---

stylistically marked and in many languages carry negative connotations, which makes them unacceptable in neutral, and even in female-specific contexts. By contrast, masculine/male terms are either neutral or carry positive connotations».

argument perquè, si una cosa cal dir-la, cal dir-la. Però en mitjans de comunicació aquest principi sí que regeix, perquè el que cal és que arribi el missatge. També cal tenir present que els desdoblaments fan la seva funció: emfasitzar, matisar, diferenciar. Aquesta funció es dilueix si els desdoblaments es fan sistemàticament i aquesta és una conseqüència que els mitjans no es poden permetre.

Quan, l'any 2010, vam organitzar la jornada «Visibilitzar o marcar. Repensar el gènere en la llengua catalana», una de les coses que més ens va sorprendre va ser que una part molt important del públic[4] fossin correctors i traductors. Val a dir que, en general, eren els més enrabiats amb aquesta qüestió. Allà vaig començar a entendre que calia una reflexió molt profunda i, sobretot, una autoritat que hi posés ordre. Molts d'aquells professionals se sentien menystinguts perquè s'ignoraven els seus criteris professionals. D'aleshores ençà la cosa no ha parat de créixer i, aquests professionals, ningú no se'ls vol escoltar. A la jornada hi va participar el Dr. Joan Martí i Castell, aleshores president de la Secció Filològica de l'Institut d'Estudis Catalans, però no va voler fer res en nom de la institució i, de fet, l'IEC mai no ha dit res, tret que ho consideren una qüestió d'ús.

Jo em creuria que és una qüestió d'ús si no hagués calgut mobilitzar un exèrcit de correctors, si no s'haguessin fet servir els mestres per difondre aquests «usos» i si no haguessin calgut tants cursos i guies per ensinistrar-nos. Els que comparen la llengua no sexista amb els diacrítics que tinguin en compte tot el que s'ha hagut d'invertir en un cas i en un altre (i no

4. Més de 300 persones vam omplir l'Aula Magna de la Facultat de Geografia i Història de la Universitat de Barcelona, on vam haver d'anar perquè no cabíem a l'Aula Magna de l'Edifici Històric.

parlo només de diners, parlo de personal, de temps i de tota mena de recursos); un cop feta la comparació, que n'avaluïn també els resultats. Si amb més de 40 anys de propostes de llengua no sexista no hem aconseguit cap resultat visible que els puguem atribuir, potser és que no hi ha cap relació entre ambdós fenòmens. Però sí que hi ha un resultat evident per a l'altre col·lectiu que vaig voler que digués la seva en aquest llibre, les treballadores en serveis lingüístics d'organismes oficials. Ho he comentat abans: és el grup on es veu més clarament la por. I la veritat és que no conec cap altre país on, amb el pretext de visibilitzar les dones, s'hagi reprimit tant un col·lectiu. Hi ha silencis massa eloqüents.

L'ensenyament ha estat la principal força difusora dels desdoblaments, per això creia que membres d'aquest col·lectiu també hi havien de dir la seva. Quan s'ensenya llengua, s'han d'incloure aquestes propostes? S'ha d'ensenyar llengua inclusiva? I, en cas que sí, com es fa? Es té en compte l'anàlisi de la conversa? Es prepara els mestres per promoure la igualtat en les aportacions que fan els alumnes? I una part important de l'ensenyament és l'ensenyament de llengües, i no tan sols de les llengües habituals, sinó de llengües molt diferents de les nostres. Sempre he cregut que les propostes de «llengua no sexista», a part d'entotsolades, en el sentit que no tenen en compte què passa en altres llengües (com a molt, s'han copiat propostes de l'anglès), i fins i tot solipsistes, són profundament eurocèntriques. Realment, es troba a faltar el coneixement de llengües diverses que ens permetin comparar. I es troba a faltar el coneixement de la relació entre les dones i les llengües que es manifesta de maneres tan insospitades, des de formes tabuïtzades fins a cultures on homes i dones fan servir lèxic diferent. Totes aquestes coses ens les hem perdut, abduïts per una qüestió morfològica que diuen que ens invisibilitza.

El resultat

En aquest llibre hi participen 70 dones que han fet aportacions molt diverses; contra el que es podria esperar —i moltes temien— amb prou feines hi ha repeticions. En els casos que han optat per la mateixa orientació, els enfocaments són molt diversos. He fet un agrupament per temes tan aleatori com qualsevol altre, perquè gairebé totes tracten aspectes diversos de la qüestió.

En el primer apartat, *D'on venim?*, hi ha inclosos els articles que han fet un enfocament general, una mena d'estat de la qüestió, que és una introducció immillorable en el sentit que clarifica tant conceptes com malentesos i ens orienta. Les autores (Montserrat Sendra i Rovira, Neus Nogué Serrano, Maria Lacueva Lorenz, Mireia Farrús, Ona Domènech Bagaria, Montserrat Cortès-Colomé, Raquel Casesnoves Ferrer, Marina Casadellà i Maria Callís Cabrera) ens posen en antecedents d'aspectes i mancances tan rellevants com la importància de l'anàlisi del discurs, la confusió sexe-gènere, el biaix de les guies i fins i tot els antecedents històrics de la qüestió.

El món de l'ensenyament té múltiples vessants, des de la formació d'alumnes a tots els nivells fins a la mateixa formació de mestres, però també l'adquisició, l'escriptura creativa, la relació de la qüestió amb el feminisme o la mateixa responsabilitat dels lingüistes. Elisabet Vila Borrellas, Carme Vilà i Comajoan, Maria del Mar Vanrell, Júlia Llompart Esbert, Alba Granell Rosich, Carla González Collantes, Laura Gomara, Rosa Estopà, Laia Cutillas i Alberich, Mariona Casas i Deseuras, M. Carme Bernal Creus i Mònica Barrieras Angàs ens expliquen com enfoquen elles la qüestió en la seva pràctica professional, i també els efectes d'aquestes propostes que poden observar en els alumnes. A més a més, hi trobareu solucions a les qüestions ambigües o incoherències a què ens precipiten algunes propostes.

Sense sortir del món de l'ensenyament, la universitat és un àmbit específic on les directrius del políticament correcte han passat per sobre del propi coneixement que genera. Des de les universitats es fan recomanacions forassenyades, es construeix un discurs inintel·ligible i, a més, s'imposa. Les autores dels articles d'aquest apartat desemmascaren aquestes pràctiques i ens fan veure com, massa sovint, només serveixen per perpetuar els comportaments que fomenten la desigualtat. Maria Sabaté-Dalmau, Mariona Sabaté-Carrové, Marta Juncadella Fortuny, Carla Ferrerós Pagès, Elga Cremades Cortiella, Montserrat Camps Gaset i Ester Baiget i Bonany aporten prou elements com per adonar-nos que, en aquesta qüestió si més no, la institució s'ha conformat amb acceptar directrius sense gaire fonament i no ha proposat una reflexió seriosa, que és el que convé. No m'agradaria pensar que això ha anat així perquè, com que és una qüestió de dones, no cal que ens hi atabalem.

La correcció de textos i, especialment, la traducció són dos dels àmbits on més s'han viscut, i patit, les contradiccions que provoca tot plegat. D'una banda, perquè no és rar haver de seguir normes incompatibles amb el criteri professional i, d'altra banda, perquè es fa difícil la producció de textos amb coherència textual quan s'han de seguir directrius que no tenen en compte el funcionament de la llengua. La traducció ens acara amb aquests conflictes perquè ens permet una mirada especular. El traductor és alhora intermediari i intèrpret i, si ja és difícil aquesta tasca quan es tracta d'una relació autor-traductor, l'afegit de normes artificials la pot convertir en una missió impossible. Dolors Udina, Anna Tudela, Eulàlia Salvat Golobardes, Alba Milà, Marta Marfany,

Maria-Rosa Lloret, Raquel Craviotto i Arnau, Maria Camps Anglada, Josefina Caball i Elisenda Bernal ens expliquen les dificultats de «parlar per boca d'altri», ja sigui corregint o traduint, en aquestes qüestions.

El món de la informació, l'opinió o l'entreteniment sembla que, de moment, ha quedat força al marge de la qüestió del gènere, segurament pel que dèiem abans que els mitjans no són el millor lloc per posar obstacles a la comunicació. Potser és justament aquí on les qüestions de biaix es fan més explícites, perquè ja no és una qüestió de gramàtica sinó de discurs i, a vegades, de «visió mascla del món». Potser també per això destaquen els problemes d'intel·ligibilitat que creen les propostes «no sexistes» o inclusives. Anna Vallès Anglarill, Raquel Santiago Batista, Maria Rodríguez Mariné, Marta Pontnou Farré, Raïssa Martínez Vila-Abadal, Anna Alfonso Casals i Ana Alarcia fan totes una reflexió que, des del seu àmbit professional, les porta a altres àmbits de la vida quotidiana, en alguns casos els fills, on es veu fins a quin punt aquestes propostes estan desestabilitzant els coneixements gramaticals de la canalla.

Quan vaig pensar en aquest llibre, vaig pensar molt especialment en un àmbit que em sembla bastant preocupant: l'administració. Algunes de les autores del llibre mencionen el fet que els canvis que es proposen són canvis des de dalt i, pel que sembla, «a dalt» no entenen que no és el mateix manipular la gramàtica que decidir si s'eliminen o no els diacrítics, o si es conserva o no una hac o si tal cosa s'ha d'escriure amb majúscula o amb minúscula. El cas és que, tot i la incapacitat manifesta d'entendre el fenomen, els polítics es compten entre els principals difusors d'aquest «llenguatge» i, amb els anys, hem anat veient com es convertien en il·legibles des d'estatuts d'associacions fins a l'Estatut de Catalunya, passant pels comunicats, discursos, lleis que s'aproven al Parlament, etc. La veritat és que, ara com ara, si ens prenem al peu de la lletra molts d'aquests textos, les dones en sortim molt malparades. Llançar-se alegrement a modificar textos amb un procediment manifestament insostenible té un cost, i tant de bo no l'haguem de pagar mai. Però el problema amb aquestes modificacions des de dalt és que qui les imposa té poder. Un poder que podria tenir el coratge de plantar-se i dir que no a propostes forassenyades, però no ho fa. Al capdavall és més fàcil passar per feminista estrafent les llengües que proposant canvis reals i assumint-ne les conseqüències. Però aquest poder també es manifesta en la repressió de la dissidència. Per a aquest apartat havia convidat grans professionals que conec de fa temps i que esperava que fessin aportacions molt rellevants, però és l'àmbit on he tingut més negatives. Per això haig d'agrair especialment a Margarida Sanjaume Navarro, Mina Nabona-Jassans i Lídia Gil López que hagin acceptat la invitació a participar en aquest projecte. Els agraeixo també el testimoni i la responsabilitat; al capdavall, són la veu de molts silencis.

Un col·lectiu que no podia ser silenciat és l'LGTBI+. La veritat és que em feia certa basarda cercar col·laboradores basant-me en el criteri del sexe de la persona que desitgen perquè no deixa d'anar contra la meva idea que visibilitzar és marcar, però era evident que tenen coses a dir i, per tant, en vaig convidar unes quantes, però elles van triar el tema. Per tant, aquest apartat no és de persones LGTBI+, sinó d'autores que han abordat el tema. M'he guiat pel que deien i no per qui eren, així que, com dirien en castellà, *no son todas las que están ni están todas las que son*, però en altres apartats també hi ha veus del col·lectiu. Mireia Trenchs Parera, Anna Subarroca Admetlla, Renée Pera Ros, Míriam Martín Lloret, Wendy Elvira-García i Eva J. Daussà aborden totes la qüestió del gènere més enllà del binarisme perquè, i aquest és un altre dels temes recurrents en aquest llibre, els desdoblaments han acabat fomentant el binarisme i imposant una visió on o ets home o ets dona i, si no, no hi ha espai per a tu.

Un altre apartat que ha quedat migrat, tot i ser el que tenia la meva prioritat, és el que engloba les aportacions que parteixen de l'anàlisi del discurs i no de la gramàtica. Aquí no és per por que hi ha hagut negatives sinó per feina. I em sap greu perquè és urgent que tots plegats comencem a diferenciar el que és essencial del que no i les coses que realment es poden canviar de les que no. Irene Yúfera, Elisa Rosado i Estrella Montolio Duran fan aportacions que il·luminen la qüestió. No són les úniques perquè altres autores també hi fan referència —ja he dit que moltes idees floten per diversos treballs. En qualsevol cas, si algú es vol prendre seriosament aquesta qüestió, que facin cas de les propostes que incideixen en el discurs i no en els morfemes.

Dels morfemes, se n'ocupen les autores dels articles de l'apartat de llengua. Naturalment, de llengua, se'n parla en tots els articles, però en el cas de Lourdes Romera Barrios, Cristina Real Puigdollers, Maria-Pilar Perea i Mercè Lorente Casafont se centren específicament en el lèxic i la morfologia, i expliquen amb claredat per què els desdoblaments, a més d'inútils, són una proposta insostenible.

Sempre he pensat que a les propostes de llengua no sexista o inclusiva els faltava perspectiva. Si tinguéssim en compte que la categoria gènere com a sistema de classificació dels substantius és clarament minoritària en les llengües del món i el gènere tal com l'entenem nosaltres (classificació dels substantius en masculí, femení, neutre...) és clarament residual i, en canvi, el masclisme és universal, potser hauríem entès abans que, la solució, l'havíem d'anar a cercar a una altra banda.

Les autores d'aquest apartat comenten aspectes de la llengua inclusiva en llengües molt diferents i fan un recorregut prou suggestiu que ens hauria de fer reflexionar a tots: Xiaomeng Wang (xinès), Marta Vinardell-Maristany (llengua de signes catalana), Mariona Vernet i Pons (indoeuropeu), Joana Rosselló (anglès), Clàudia Pons-Moll (germàniques, semítiques i ugrofineses), Ana María Bejarano (hebreu), Maria Bardají i Farré (austronèsiques), Itziar Aduriz Agirre (euskera) i jo mateixa (nigerocongoleses).

Tal com he dit, la classificació per temes dels articles és aleatòria. En tots es tracten temes diversos i, per tant, es podrien ajuntar amb d'altres, però ja sabem que, quan triem, sempre excloem altres possibilitats. Aquestes possibilitats, les deixo al lector, que podrà fer la seva tria, tot i que no serà fàcil perquè, cadascun a la seva manera, tots els articles d'aquest llibre són fonamentals. Més enllà de les capçaleres, hi ha idees força recurrents que van apareixent aquí i allà. Segurament, la idea més freqüent és la de «cortina de fum», la percepció que tot això de la llengua inclusiva és una manera de distreure'ns o de crear la impressió que les institucions estan treballant per la igualtat sense que, en realitat, ningú estigui fent canvis en profunditat. Dit en altres paraules, que la «revolució institucional» és, en realitat, una estafa institucional.

Una altra qüestió que va sorgint aquí i allà és si la llengua configura la realitat. Hi ha qui creu que sí però, en general, predomina la idea que és la llengua que s'adapta als canvis socials. Relacionats amb aquesta idea, hi ha un parell d'arguments que són inevitables des del punt de vista lingüístic: d'una banda, la confusió entre gènere i sexe i, d'altra banda, la falsa correlació entre el gènere gramatical i el sexisme. Com algunes autores comenten, segurament el problema rau en el fet que hem etiquetat com a «femení» un gènere que inclou des de les panteres fins a les parelles, passant per tota mena d'estris, elements abstractes, etc., que és evident que no tenen res a veure amb el sexe. A més, el gènere és un tret absent en la immensa majoria de llengües del món, i això és difícilment correlacionable amb l'omnipresència de la desigualtat entre homes i dones.

El foment de l'ús de formes desdoblades ha tingut, almenys, tres efectes negatius. En primer lloc, la potenciació del binarisme: en negar la condició d'inclusiu del gènere no marcat s'ha promogut la percepció que homes i dones són diferents i que, a més, són les dues úniques categories de la classe dels humans. Per això, quan els no binaris han reclamat el seu lloc, la cosa no ha quedat en la reivindicació d'un pronom específic, sinó que també ha portat a noves concordances. Aquí potser cal fer un recordatori: quan parlem de gènere, parlem d'un sistema de classificació dels substantius que es manifesta en les concordances. Els pronoms no tenen marca de gènere, són díctics. Atès que l'anglès és la llengua font de totes aquestes propostes, hauríem de tenir present que, en aquesta llengua, canviar el significat d'un pronom o fins i tot inventar-ne un de nou no afecta gens la gramàtica de la llengua. Aquest no és el cas de les llengües romàniques ni, és clar, del català. El segon efecte negatiu que es comenta és la incoherència textual que resulta de l'aplicació d'un model insostenible. En un dels debats de la investidura el president Aragonès va mencionar «els exiliats i les exiliades i els presos polítics». Molt bé, tots podem entendre que Carme Forcadell i Dolors Bassa estan incloses en els «presos»; però, si primer ha esmentat «els exiliats i les exiliades», també tenim el dret de creure que les exclou. Al cap i a la fi, és ell qui ha optat per desdoblar i, en un discurs en seu parlamentària, hem de suposar que no es diuen coses a la babalà. També podrien argumentar que l'oralitat pot trair la voluntat inclusiva del president, però aleshores ens trobem que a l'Article 68 de l'Estatut de Catalunya s'hi pot llegir: «El govern es compon del president o presidenta de la Generalitat, el conseller primer o consellera primera, si escau, i els consellers».

No voldria donar idees, però, si algú s'oposa al fet que les dones siguin conselleres, ho pot defensar amb l'Estatut a la mà. Finalment, l'altre efecte negatiu que es destaca de l'ús indiscriminat de desdoblaments és que n'acaben sortint textos pràcticament inintel·ligibles on el missatge es dilueix en un aiguabarreig i al final no saps si parlen de tothom, només dels homes, només de les dones o ves a saber. I això ens afecta a tots. Seria trist que, com a França, hagués de ser un ministre qui hi acabés posant ordre. En qualsevol cas, no sembla que, de la conselleria que més promou el desgavell, n'hagi de sortir la solució; però, ja ho he dit abans, planyo els que ara han d'explicar les concordances a les classes de llengua.

A banda de les mencionades, una altra idea recurrent en els articles és que no estem davant d'un canvi natural, que és el que fa la llengua per adaptar-se a noves situacions, sinó davant d'un canvi induït, un canvi imposat des de dalt. El més trist és que els que l'imposen es deuen sentir molt igualitaris i respectuosos amb les dones. Tant, que ni tan sols ens deixen decidir que nosaltres no, no volem ser dictadors que manipulen la llengua per manipular-nos nosaltres, no volem ser víctimes de l'arbitrarietat dels que fan i desfan en una cosa que és patrimoni de tots: la llengua.

El conte de la gerenta

Quan ja havia projectat aquest llibre, la Universitat de Barcelona va fer un tuit informant-nos que «Cal dir *gerenta* de la mateixa manera que diem *presidenta*. La forma *gerent* s'havia tractat com a invariable perquè en femení no tenia tradició, però ja s'ha normalitzat per visibilitzar les dones que ocupen aquest càrrec». Jo els vaig demanar què proposaven per visibilitzar les lingüistes però no vaig rebre resposta. Potser el tuit és només l'exemple de fins a quin punt la universitat viu fora del món perquè, de dones gerents, jo fa anys que en conec, i quan la UB n'ha tingut no sembla que hagi trobat a faltar el terme *gerenta*. Per què ara sí? A més a més, la UB hauria de recordar que, durant uns quants anys, al carnet d'estudiant de les alumnes hi figurava «estudianta» i ho van canviar —suposo— perquè les «estudiantes» es queixaven (mai no vaig tenir cap alumna que em digués que ja li estava bé). Com que ja hem dit que aquests canvis són induïts, potser estaria bé recordar que la llengua col·loquial ja crea femenins, a vegades en correspondència amb el sexe (*estudianta*) i a vegades amb connotacions menys amables: una *sergenta* pot ser una sergent però també una dona manaire (tret no gaire ben vist en les dones, tot s'ha de dir). Pel que fa al DIEC, no sembla que sigui gaire coherent. Admet com a epicens *cantant*, *comerciant*, *dirigent*, *docent* o *practicant*, però proposa formes dobles per a *intendent-intendenta*, *marxant-marxanta* o *president-presidenta*. Curiosament, una dona (a la qual hem d'agrair el pròleg a aquest llibre) ha estat elegida com a president de la institució. Què hem de fer si volem destacar un fet tan rellevant? Si la visibilitzem, només direm una obvietat: M. Teresa Cabré és elegida primera presidenta de l'IEC, i no direm prou que, com diu ella mateixa, és el primer president de la Filològica escollit president de l'IEC. Jo espero que sigui el millor president de la història de l'entitat perquè, la millor presidenta, ara com ara ja ho tindríem.

El diccionari mostra algunes incoherències més, per exemple, hi ha una entrada per a *estudiant* i una altra per a *estudianta* que remet a *estudiant*. També hi ha un curiós doblet amb *tinent*: si és un tenidor, és invariable; però, si és un militar, també pot ser *tinenta*. Igual que *dependent*: si és una persona dependent, és invariable; però, si és un saltataulells, també pot ser una *dependenta*. Ara bé, així com l'*intendent* també pot ser *intendenta*, el *terratinent* no té l'alternativa *terratinenta*. També he topat amb dos casos de masclisme flagrant (alarmes enceses). Un és el del *fabricant*, que, si bé en la primera accepció és una persona que fabrica, en la segona només és un «amo» d'una o més fàbriques. L'altre és la *regent* que, ves per on, és la muller del regent i no pas la regenta. Doncs bé, ara que ja ens hem situat, tornem a la *gerenta*.

El fet que aquest fos un tema «d'actualitat» explica que diverses autores l'esmentin. Jo no les citaré per pura cortesia grupal, no voldria destacar uns textos per sobre dels altres, però sí que els posaré per ordre cronològic per il·lustrar com, quan es tracta de dones, no es tenen els miraments que s'han tingut per incorporar neologismes que fa anys que són d'ús habitual. Si generalment em pregunto si és que, amb les dones, tothom s'hi atreveix, ara em pregunto si és que, a les dones, en aquestes qüestions, no se'ns pot dir que no, no fos cas que deixéssim d'estar entretinguts tots plegats i ens ocupéssim de la desigualtat real.

La norma

«Per formar el femení només cal conèixer i seguir les normes gramaticals de la llengua catalana. Així, usarem *ministra* i *ferrera* però no *fiscala* o *gerenta* perquè els mots masculins acabats en *-l* i en *-nt* són invariables i doncs d'aplicació a homes i dones.»

El dubte
«Tot i que la forma *gerenta* no és normativa, se'n recomana l'ús per visibilitzar les dones que ocupen aquest càrrec. No convindria més que hi hagués més gerents (dones) i no caldria el *gerenta* (mot)?»

La constatació
«No ho solucionarem perquè l'IEC hagi incorporat recentment la flexió del càrrec de *gerent* (per fi podrem dir, col·loquialment, *ets una gerenta intel·ligenta!*).»

La resistència
«Que s'ha acceptat *gerenta* a corre-cuita en el diccionari normatiu, i que no acceptar-hi també *amarganta*, *coenta*, *lluenta*... és com a mínim discutible.»

El desenllaç
«El dia 6 d'abril de 2021, la Universitat de Barcelona va fer públic el nomenament de la seva nova gerenta. Coincidint més o menys en el temps, l'Institut d'Estudis Catalans també va nomenar gerenta una dona i aquesta [...] va demanar que al contracte hi figurés aquesta forma en lloc de *gerent*. De resultes d'això, el DIEC va incorporar de seguida la forma femenina *gerenta*.»

Cloenda

Jo m'he quedat sense paraules. El lector d'aquest llibre hi trobarà opinions molt diverses, fins i tot contràries o contraposades. Vull dir que, en aquest sentit, no cal que esperi doctrina (a fe que, de doctrina, en aquest tema ens en sobra).

Hi trobarà arguments, hi trobarà coneixement i, sobretot, hi trobarà seny (que, d'això, sí que en falta). No volem arribar a cap conclusió, ni volem dictar normes. Volem fer saber que no ens enganyen, que seguim lluitant per la igualtat de totes les persones i que la nostra lluita no passa per estrafer la llengua. I sobretot volem dir que som dones, som lingüistes, som moltes i diem prou.

M. Carme JUNYENT

D'ON VENIM?

1 Quan es capgiren els objectius

Montserrat Sendra i Rovira

Sociolingüista
@MontserratSendra

Un debat complex

La confusió del gènere gramatical amb el sexe biològic i la discussió al voltant de l'ús del masculí genèric com a forma que inclou tots els individus ha generat un debat social sobre com es podria adaptar la llengua perquè donés més visibilitat a les dones. La relació llengua-societat és sempre una relació complexa, perquè combina aspectes lingüístics, socials, psicològics i ideològics i perquè s'emmarca en una estructura social conformada per diferents grups i jerarquies.

L'origen del moviment

Entenent la llengua com a mirall de les desigualtats de la societat, alguns grups van començar a generar un sociolecte *incòmode* per mostrar verbalment una presa de posició clara davant les estructures patriarcals de poder. Amb la voluntat de canviar les relacions de dominació establertes, van començar a modificar el corpus de la llengua amb nous usos lèxics, morfològics i discursius (fins i tot van buscar nous morfemes per a la funció de masculí genèric: alumnis, alumn@s, alumnxs, alumn·e·s, alumn·s...). Aquest trencament explícit de la norma buscava sacsejar les ideologies i les representacions lingüístiques dels parlants per tal d'eliminar les desigualtats entre homes i dones.

De la dissidència a la institucionalització

Ara bé, què passa quan aquest moviment de protesta i subversió lingüística és captat pel poder contra el qual volia lluitar? Precisament des de les institucions transmissores de la norma (les institucions públiques, l'àmbit polític, els mitjans de comunicació i el món educatiu) es va adoptar ràpidament aquesta pràctica i van començar a implementar aquests nous hàbits lingüístics, a més de crear guies, cursets i materials de formació sobre com aplicar el llenguatge no sexista - llenguatge inclusiu. Si el moviment feia èmfasi en el trencament de la norma per generar canvis en la consciència, què passa quan el trencament de la norma esdevé norma? Aquesta institucionalització del moviment va suposar, a més, un canvi estètic sense conseqüències palpables per a la població femenina i una forma de blanquejament lingüístic de la discriminació sistèmica de la dona en la societat. Modificar la llengua perquè res canviï, just al contrari del que es pretenia. Així, trobem situacions com les de partits polítics catalans que utilitzen sistemàticament el femení genèric però que quan es denuncia un cas d'assetjament contra una dona protegeixen l'agressor; o alts càrrecs que feien broma explicant que triaven les conselleres en funció de qui tenia els pits més grossos sense que això comporti cap dimissió.

La fi del moviment?

Dos fenòmens posen en entredit la continuïtat del moviment: d'una banda, aquesta perversió dels objectius inicials contra els quals havia nascut; de l'altra, l'emergència de noves concepcions del gènere (gènere fluid, persones agènere, bigènere...) que trenquen el debat binari entre homes i dones. Ser subversiu comporta ara, doncs, no seguir les noves convencions de desdoblament i adaptacions establertes per les institucions? Segurament la millor recomanació que podem fer és la d'aplicar el sentit comú (adaptar les referències individuals, d'oficis i càrrecs; evitar les expressions discriminatòries o els usos estereotipats, etc.), sabent que no és el codi lingüístic qui produeix la discriminació sinó l'estructura social (i és aquí on cal situar els esforços). Recargolar la gramàtica o la morfologia, allargar i complicar els textos té poc impacte real en la modificació de les desigualtats, ja que la llengua per si sola no té tanta força ni tant de poder. És el patriarcat, amics!

2 Quan el llenguatge no és sexista i quan sí que ho és

Neus Nogué Serrano

Professora agregada de Filologia Catalana
@NeusNogue

Sobre el masculí genèric i altres aspectes de la llengua que sovint es consideren sexistes i es miren d'evitar (forçant la morfologia, la semàntica i la sintaxi), després d'uns quants anys de pensar-hi, d'informar-nos-en i d'observar-ne els usos, ara sabem:

- Que no hi ha una correlació directa entre gènere gramatical i sexe.
- Que les societats amb llengües que no tenen masculí genèric no són més igualitàries.
- Que desdoblar *homes i dones, nens i nenes, els treballadors i les treballadores, els i les joves*... no fa la societat més igualitària; i no només això, sinó que fer aquests desdoblaments pot donar una imatge falsa d'igualtat (en la persona que els fa, en el document legislatiu que els recull...) que amagui actituds i regulacions que discriminin les dones.
- Que desdoblar *homes i dones, nens i nenes, els treballadors i les treballadores, els i les joves*... i no desdoblar *els empresaris, els banquers, els inspectors d'Hisenda*... indica que no parlem d'un fenomen estrictament gramatical.
- Que en un text llarg el desdoblament sistemàtic no s'aguanta, que espontàniament no l'aguanta ningú, i que provoca problemes diversos en el manteniment dels referents (adjectius que concorden amb els noms desdoblats, pronoms que els substitueixen un cop esmentats...).

- Que alternar desdoblaments i no desdoblaments (cas molt freqüent) pot provocar problemes d'interpretació.
- Que s'ha acceptat *gerenta* a corre-cuita en el diccionari normatiu, i que no acceptar-hi també *amarganta, coenta, lluenta*... és com a mínim discutible.
- Etcètera.

I em pregunto com acabarà afectant aquesta mena de criteris la reivindicació del reconeixement de la diversitat d'identitats sexuals més enllà del binari home/dona.

Al meu entendre, el llenguatge sexista (i discriminatori en general) és una altra cosa. És sexista:

- Que un diari parli de *Rajoy i Espe* o de *Rajoy i Soraya*, i que en una campanya electoral els cartells o els eslògans diguin *Laura presidenta. President Puigdemont.*
- Que es parli, en una notícia, en una enciclopèdia o en qualsevol altre text, d'*un arquitecte i la seva dona*, d'*un enginyer i la seva dona*, com si el centre del món fossin els homes i la professió (guai) que exerceixen, i les dones giréssim al seu voltant.
- Que els homes interrompin les dones quan parlen o no els deixin prendre el torn de parla.
- Que un llibre de text (o una exposició, o qualsevol altra manifestació cultural o científica) amagui les aportacions que han fet les dones a la ciència, a la tècnica, a la literatura, a qualsevol art.
- I tantes altres maneres que té el llenguatge verbal —i el no verbal— de situar els homes al centre, d'invisibilitzar i menystenir les dones, d'agredir-les amb les paraules (i amb els gestos, les mirades i les postures).

Aquest escrit havia de ser curt. Trobareu altres textos i més exemples a l'apunt «Sobre els límits del llenguatge no sexista» (*https://en-altres-paraules.blogspot.com/2014/11/sobre-els-limits-del-llenguatge-no.html)* del meu blog *En altres paraules*.

3 La querella de les llengües

Maria Lacueva Lorenz

Investigadora i professora d'Estudis Catalans
a la Université Paris 8
@terbolatzur

Aquest títol parafraseja la famosa (alhora que desconeguda) Querella de les dones, una polèmica dialèctica sobre les desigualtats socials entre les persones per raó del seu sexe que es va donar arreu d'Europa i Amèrica entre els segles XIII i XIX. Va presentar un caràcter marcadament interdisciplinari i tant homes com dones van opinar a favor o en contra de l'equitat dels drets des de tots els àmbits —religiós, mèdic, domèstic, jurídic, educatiu, artístic, polític, sentimental, filosòfic, biològic, etc. La Querella es va expressar a través de diversos suports, com ara escultures, vitralls i textos de tot tipus —des de tractats fins a obres teatrals—, els quals, per l'extensió geogràfica i cronològica del debat, van ser escrits tant en llatí com en les llengües que, a poc a poc, esdevenien «de cultura», inclosa la catalana. Les mentalitats i les maneres de viure canviaven, però la Querella, tot adaptant les formes i els arguments a cada nova època, es mantenia ben viva; al cap i a la fi, el dilema de fons seguia intacte: a favor o en contra de perpetuar el patriarcat? Sí o no a la transformació de les pràctiques i del sistema simbòlic que el sustenten, i amb quines estratègies aconseguir-ho?

Un antic debat que, actualment, es materialitza també al voltant del llenguatge inclusiu. Aquesta nova «querella» del segle XXI presenta paral·lelismes evidents amb la seua predecessora: sembla que va per a llarg, és transversal i de caràcter transnacional; de fet, genera controvèrsia al si de, si fa no fa, les mateixes comunitats lingüístiques que aleshores. Així doncs, les propostes morfosintàctiques, discursives i tipogràfiques es multipliquen en les llengües del nostre entorn: per exemple, el punt volat és una de les maneres d'expressar que «les français·e·s sont divisé·e·s» al voltant d'aquest tema, mentre que «die Autorinnen» o «AutorInnen» germanoparlants poden triar diferents fórmules a l'hora de redactar les seues obres. Per la seua banda, l'Académie Française qualifica de «perill mortal» l'escriptura inclusiva i, alhora, el seu no ús és motiu de penalització en textos administratius.

Hem arribat a un punt on tant l'opció del retorn sense fissures al llenguatge «espontani» com la del foment de les solucions «no sexistes» són percebudes com imposicions per diferents col·lectius masculins, femenins, no binaris o mixtos. La lingüística feminista proposa considerar el llenguatge inclusiu com una nova varietat diastràtica que es puga adoptar lliurement segons la situació comunicativa. Altres lingüistes, també obertament feministes, estimen que això és una aberració i que no s'ha demostrat cap cas on la modificació d'una llengua haja modificat el món i, en conseqüència, haja millorat la vida de ningú. A més, s'argumenta que les societats que fan servir llengües sense distinció de gènere gramatical —la immensa majoria de les sis mil que n'hi ha al món— no són més igualitàries.

Tanmateix, els primers estats que van reconèixer el dret al vot femení o van deixar de criminalitzar el col·lectiu LGTBI tampoc no comptaven amb la certesa que això implicaria millores; de fet, a hores d'ara sabem que aquestes mesures, individualment, no tenen la capacitat d'erradicar els problemes a què s'enfronten. Significa això que aquells polèmics «experiments» no han estat fonamentals per a les nostres societats? Permetem-nos, doncs, experimentar amb la nostra llengua: el català està immers en la querella del llenguatge inclusiu i participa, amb veu pròpia, en un debat contemporani rellevant, amb unes vacil·lacions, contradiccions i limitacions semblants a les de la resta de llengües implicades. Jo només espere que no calguen sis-cents anys per arribar a un consens.

4 El principi de Fermat

Mireia Farrús

Professora de lingüística de la Universitat de Barcelona
@MireiaFarrus

Les lleis de la física són d'una bellesa extraordinària. Pierre Fermat ens va regalar un dia un principi que deia que el camí que pren un raig de llum per anar d'un punt a l'altre és el que es pot recórrer en el menor temps possible. És una forma d'estalvi energètic que també s'aplica a la lingüística amb la llei de la brevetat: com més s'utilitza una paraula, més curta tendeix a ser. Per això, la primera revolució sobre el llenguatge inclusiu, que es basa en el desdoblament constant del gènere amb el *tots i totes* i *benvolgudes i benvolguts*, s'acaba diluint a la tercera línia de discurs, perquè les lleis de la natura tenen més força que els discursos polítics.

La segona revolució del llenguatge inclusiu ens va portar les formes genèriques de *professorat* i *alumnat*, i què voleu que us digui. Jo tinc devoció pels meus alumnes, i en parlo molt d'ells, *els meus alumnes aquí, els meus alumnes allà*. Tenen nom, cognoms, cara, vida. El meu *alumnat* és un concepte abstracte totalment mancat d'aquesta afectivitat, que és la base per a una educació de qualitat. Que no és el mateix anar a sopar amb els veïns que anar a sopar amb el veïnat, caram.

La tercera revolució, la més revolucionària de totes, ens va portar el femení genèric: ara *totes* som *companyes*, i ens va deixar a uns quants amb els ulls esbatanats. Perquè jo pensava que la categoria marcada era precisament la que ens feia visibles i úniques entre la multitud. I trobo que tenir una categoria marcada pròpia té un no sé què que fa interessant, ves. Ara resulta que això ho regalem i ho diluïm? Però en màrqueting no diuen que et diferenciïs i triomfaràs? Potser la gran revolució, *companyes*, seria justament reivindicar aquesta categoria com a ben nostra.

Amb tot, reconec la bona intenció d'aquestes iniciatives, valoro l'esforç de qui ho promou amb el convenciment de fer un món més just, i soc conscient dels reptes que afrontem les dones en molts àmbits de la vida, com ara el professional. La meva mare em deia molt sàviament que, per poder arribar al mateix lloc, si els homes tenien una carrera jo n'havia de tenir dues, i si ells parlaven tres llengües jo n'havia de saber sis. Les estadístiques li donen la raó: un informe de la Xarxa Vives d'Universitats diu que més de la meitat dels estudiants universitaris de grau, màster i doctorat són dones, però només tenim un 20 % de catedràtiques, i que «quan les dones arriben a l'escalafó més alt han trigat una mitjana de 16 a 20 anys més que els homes».

Aquesta és la motxilla que he portat sempre i que voldria que la meva filla no hagués de portar mai. I quan em pregunto si aquestes revolucions són la solució a tots aquests reptes, el que em temo és que més aviat són una distracció, i que culpem la llengua d'allò que en realitat és responsabilitat nostra. Que una dona tardi vint anys més a arribar allà on vol contradiu el principi de Fermat i és antinatural. I el desdoblament de gènere també.

5 Sobre el llenguatge i el sexisme: qüestió de grisos

Ona Domènech Bagaria

Professora dels Estudis d'Arts i Humanitats de la Universitat Oberta de Catalunya i investigadora del grup IULATERM de la Universitat Pompeu Fabra
odomenechb@uoc.edu

L'any 1995 vaig fer una estada de recerca al Quebec, on vaig veure per primer cop, en una publicació governamental, una nota inicial que indicava que en aquell text l'ús del masculí tenia un valor genèric, sense cap voluntat sexista. Els lingüistes francòfons quebequesos ho tenien molt clar: en anglès, una llengua amb molt poca marca de gènere gramatical, es podia evitar l'ús del masculí genèric, però en francès només era possible fer-ho en textos curts i esquemàtics, de manera que en les publicacions llargues —com els textos normatius, plens de denominacions de càrrecs— continuaven usant el masculí genèric i afegien una nota inicial explicativa.

Quan vaig tornar a Catalunya al cap d'uns mesos, es començava a parlar de llenguatge no sexista, sobretot en l'àmbit administratiu, i de mica en mica van anar sortint guies i recomanacions per evitar l'ús del masculí genèric. L'estada al Quebec i la meva experiència professional, primer com a correctora i traductora, i després com a docent universitària, em van fer adonar de seguida de la impossibilitat d'aplicar aquests criteris de manera coherent en textos d'una certa llargada i complexitat —si més no en llengües com el català o el castellà. Recordo molt bé, però, que quan vaig manifestar aquest parer en una Jornada sobre llenguatge no sexista, organitzada pels serveis lingüístics universitaris l'abril del 2005 a la Universitat de Barcelona, la meva intervenció va generar rebuig i, fins i tot, davant la meva perplexitat, un cert enuig, entre la majoria de ponents i assistents.

Amb el pas dels anys, han anat sorgint força veus dissidents amb les recomanacions per a un llenguatge no sexista, però el tema encara genera força debat social. Com sol passar, les posicions es radicalitzen i es tendeix a defensar actituds extremes, a situar-se en el blanc o el negre, quan el que s'imposa, al meu entendre, és el gris. En un extrem trobem els partidaris d'eliminar l'ús del masculí genèric —considerat com un tret sexista que invisibilitza les dones— per tal de canviar la societat; i en l'altre extrem trobem els qui consideren que el gènere gramatical té poc a veure amb el sexe, que en català no en podem prescindir i que eliminant-lo no eliminem el sexisme social. I m'atreveixo a dir que entre una i altra posició ens situem la majoria de lingüistes, tal com argumento a continuació.

En primer lloc, la relació entre gènere gramatical i sexe és parcial i relativa: només entre un 15-20 % de les llengües del món tenen gènere gramatical, mentre que el sexisme està present en totes les societats; i en les llengües amb gènere el funcionament d'aquest mecanisme és molt divers (des de l'anglès, en què només varien alguns pronoms personals, fins al català, on la variació afecta adjectius, pronoms, determinants...). Des d'un punt de vista històric, l'origen del gènere gramatical en les llengües indoeuropees té una certa relació amb factors culturals (orientats per la identificació entre gènere i sexe, i per les cultures de base patriarcal), però també, i de manera simultània, amb factors formals, arbitraris (relacionats amb les declinacions, l'oposició nominatiu/acusatiu...). I des d'un punt de vista lingüístic, en les llengües amb gènere el masculí sol ser la categoria no marcada, perquè no té desinència de gènere; per tant és erroni identificar-lo com a masculí no inclusiu i considerar que exclou el femení.

A més, cal tenir en compte que no és el mateix canviar coses superficials de la llengua —com les paraules, que sempre estan en constant i permanent evolució—, que aspectes profunds i estructurals, que responen a segles d'evolució —com el gènere gramatical.

En segon lloc, en llengües com el català el desdoblament de gènere provoca múltiples problemes de redacció, que es contradiuen amb les recomanacions per aconseguir un text planer i concís. Alguns d'aquests problemes són la incoherència o asimetria en les solucions aplicades en textos llargs, on és inviable evitar sempre l'ús del masculí genèric, fet que, a més, fa invertir molt de temps a buscar possibles solucions i genera inseguretat en l'ús lingüístic. I també la imprecisió semàntica, la manca de genuïnitat i/o l'ambigüitat que generen algunes solucions, com l'abús de sufixos col·lectius i mots abstractes, o l'ús del morfema *-a* en casos com *la informàtica* i de formes femenines amb continguts semàntics diferents a les masculines en casos com *pallasso/pallassa, gat vell/gata vella...*

Finalment, també cal dir que tot això no invalida el fet que el llenguatge sigui una arma poderosa per construir un determinat relat, tal com ha demostrat a bastament l'anàlisi crítica del discurs. Per aquest motiu cal usar un llenguatge tan respectuós com sigui possible, que contribueixi a evitar qualsevol discriminació per raó d'origen, raça, sexe, religió, opinió... Però per transformar els valors socials no n'hi ha prou amb usar un llenguatge respectuós; també cal impulsar veritables accions de transformació d'aquests valors. I perquè les solucions per usar un llenguatge respectuós siguin viables, cal que cada llengua les adapti i les faci seves, a fi que es puguin aplicar de manera fàcil i coherent, sense generar un esforç excessiu per al parlant, i evitant contradiccions i confusions que perjudiquin una comunicació clara i eficaç.

En el cas concret del català, si ens centrem en les recomanacions per a un llenguatge no sexista, podem evitar fàcilment l'ús del masculí genèric en les referències individuals, usant el masculí quan el referent és un home i el femení quan el referent és una dona. I en les referències col·lectives, quan ens adrecem tant a homes com a dones, podem optar per usar dobles formes en textos curts i d'estructura esquemàtica (cartes, formularis, rètols, avisos...), i reservar l'ús del masculí genèric per a textos llargs (i en aquest cas, sempre podem posar una fórmula inicial que aclareixi que el masculí s'usa com a genèric). I puntualment també podem usar un discurs no sexista voluntàriament forçat, amb una finalitat determinada, com podríem fer en una xerrada activista, per exemple, en què decidíssim usar el femení amb valor genèric per generar una reacció que sacsegés consciències i provoqués autoreflexió. En definitiva, aplicant aquest tipus d'accions podem contribuir a generar un llenguatge més respectuós, sense pretendre modificar de manera permanent un mecanisme estructural de la llengua com és el gènere gramatical, cosa que, al meu entendre, és innecessària i excessivament complicada —si no impossible— per al parlant.

6 La confusió original

Montserrat Cortès-Colomé
Professora de la Facultat de Psicologia de la Universitat de Barcelona
mcortes@ub.edu

Estava comprant entrades per internet. Amb els seients triats i en procés de pagar, em demanen dades personals (nom, DNI...). També demanen el «gènere», però només deixen triar entre Dona o Home. Si s'interessen pel sexe del comprador, per què en diuen «gènere»?

Els estudiants de la Facultat, quan presenten estudis en què han hagut de recollir dades, hi fan constar els participants i en el 99 % dels casos diuen tantes persones del gènere femení i tantes del masculí. Cada cop els remarco que d'aquesta distinció se'n diu sexe perquè no demanen als participants si són homosexuals, transsexuals, etc. (podria resultar èticament reprovable). Anoten la dada en funció de les característiques externes.

Per què fan servir el terme *gènere* en lloc del de *sexe*?

En el manual de psicologia de Colom i Jayme[1] es diferencia entre *identitat sexual* i *identitat de gènere*. S'hi defineix *identitat sexual* com a «la identificació que cada persona fa amb el seu propi cos, el reconeixement de pertànyer a un sexe o a l'altre en funció de les seves característiques morfològiques» (p. 64); és a dir, néixer amb uns determinats genitals externs. *Identitat de gènere* s'hi defineix en termes de «l'experiència subjectiva de ser home o dona» (p. 64), o sigui com s'autoconceptualitza el propi individu amb relació a l'etiqueta

1. Colom, R. i Jayme, M. (2014). *La psicología de las diferencias de sexo*. Madrid: Biblioteca Nueva.

de «masculinitat» o «femineïtat». Les dues identitats solen coincidir però no necessàriament, un transsexual pot sentir-se dona tot i tenir genitals d'home.

Hi inclouen un tercer concepte, el d'*orientació sexual*, que no manté una relació directa amb les anteriors identitats sinó que es refereix a la preferència de parella sexual. És el cas de les persones homosexuals en què les dues identitats estan en concordança però amb una orientació sexual diferent respecte a les normes i pautes socioculturalment dominants.

El manual és crític amb estereotips i prejudicis, pretén oferir una visió àmplia i oberta de les diferents maneres de viure el sexe. Ara bé, la qüestió s'embolica quan es confonen conceptes. Hi llegeixo el següent: «como dijera Eleanor Maccoby en 1966, la sociedad está tipificada sexualmente: todo cuanto en ella existe tiene una marca de género que afecta tanto a seres vivos como a objetos inanimados, conductas o emociones. Las lenguas latinas son un ejemplo claro de dicha tipificación, con el uso de artículos personales que asignan un género a todo lo existente» (p. 66). No sabem fins on és opinió de Maccoby o dels autors del text atès que no està citat entre cometes ni referenciat.

Aquest fragment inclou tres implícits discutibles. El primer és que equipara sexe amb gènere: «la societat està tipificada sexualment: tot [...] té una marca de gènere». Amb aquesta afirmació els mateixos autors desdiuen el que deien anteriorment quan recalcaven que cal diferenciar entre identitat sexual i identitat de gènere.

El segon implícit, més greu, és que s'atribueix sexe als objectes inanimats; ve a dir que els objectes tenen una semàntica inherent per la qual uns objectes pertanyen al sexe mascle i d'altres, al femella. El tercer ho remata perquè situa el gènere gramatical en el món de les «coses», de manera que el gènere gramatical masculí remetrà als homes. El cas és que només el 15 % de les llengües existents marquen el gènere gramatical i, entre aquestes llengües, els objectes poden pertànyer a gèneres diferents (p. ex., en alemany el «sol» és del gènere femení).

El resultat és que aquests implícits porten a fer el fals raonament que, en les llengües que tenen marca obligatòria de gènere gramatical i en les quals el gènere masculí funciona com a no marcat, s'ha de desdoblar per no invisibilitzar les dones. Però, com sovint ha assenyalat M. Carme Junyent, en algunes llengües el gènere no marcat és el femení i no hi ha res que mostri que les dones resultin socialment més visibles.

Protàgores va cometre l'error d'assignar els termes *masculí/femení* a les marques de gènere gramatical. Actualment s'ha comès un altre error, utilitzar el terme *gènere* per referir l'experiència subjectiva de sentir-se home o dona. I embolica que fa fort.

7 El llenguatge inclusiu i el canvi lingüístic

Raquel Casesnoves Ferrer

Professora del Departament de Filologia Catalana de la Universitat de València i membre del grup de recerca Variació lingüística en català - VaLingCat (GIUV2017-397) de la UV

@r_cases

La sociolingüística de la variació observa, analitza i explica la variació en la llengua i, també, el canvi que s'hi està produint, ja siga en temps aparent (mitjançant els canvis observats en els diferents grups d'edat) o en temps real (a través dels anys). Els canvis es poden produir des de dalt o des de baix, és a dir, promoguts per les elits i classes benestants o per la classe treballadora i amb menys recursos econòmics. A més, *des de dalt* també vol dir *per damunt de la consciència lingüística,* i *des de baix, per sota de la consciència.* És a dir, que o bé en som ben conscients, del canvi, i ens esforcem per usar unes formes noves i innovadores o bé ni ens n'adonem i les usem també, però sense cap intenció conscient.

El canvi que promou i impulsa l'ús del llenguatge igualitari o inclusiu és un *canvi des de dalt.* D'una banda, es parteix de la premissa que la llengua ha de contribuir a impulsar els canvis socials per superar les diferències entre homes i dones. Per tant, la intenció explícita és canviar la llengua amb el propòsit de canviar la societat. I de l'altra, les institucions i col·lectius que fomenten el canvi provenen, fonamentalment, de l'administració, els partits polítics i l'educació. És a dir, institucions i grups socials *acomodats.*

Tot va començar l'any 1975, quan Robin Lakoff publicà *Language and Woman's Place*, considerada l'obra que inaugura la recerca feminista sobre la relació entre llengua i gènere. Les investigacions d'aquell temps arriben a conclusions semblants: existeixen una sèrie d'usos lingüístics que col·laboren a la marginalització i l'exclusió femenines en la societat. Si els usos sexistes de la llengua es produeixen a causa de la discriminació de la dona en la societat, les propostes per a un ús no sexista, o inclusiu, pretenen visibilitzar la dona.

El català és una llengua de gènere. És a dir, que els noms tenen assignat un gènere gramatical, masculí o femení, de manera totalment arbitrària. El gènere de la paraula *pont* és el masculí i el de *taula,* femení i, evidentment, res d'això té sexe perquè són objectes inanimats. Això que sembla tan clar i raonat, esdevé el punt central de les discussions més aferrissades entre els partidaris i els reaccionaris del llenguatge inclusiu. I és que quan parlem d'éssers animats aquesta distinció no és senzilla: *home* és un nom de gènere gramatical masculí i el seu referent en la vida real té sexe masculí, com *dona* és de gènere gramatical femení i amb referent de sexe femení.

Molt probablement, però, per aquesta motivació semàntica i sistemàtica entre gènere i sexe, la feminització de les professions, càrrecs i títols haja estat un dels grans canvis (parcialment) assolits del llenguatge igualitari. Per formar el femení només cal conèixer i seguir les normes gramaticals de la llengua catalana. Així, usarem *ministra* i *ferrera* però no *fiscala* o *gerenta* perquè els mots masculins acabats en *-l* i en *-nt* són invariables i doncs d'aplicació a homes i dones. Ara bé, si per als lingüistes i per als promotors del llenguatge igualitari això està clar, per a la immensa majoria d'usuaris de la llengua catalana això és terreny desconegut. Tot i així, el canvi és imparable i només és qüestió de temps que esdevinga un fet normal i natural. Amb el masculí genèric però, això ja no està tan clar.

Si acceptem la premissa sobre la qual es basteixen les propostes per a un ús del llenguatge igualitari, que el masculí genèric invisibilitza la dona, el principal escull a què hom s'enfronta és que no existeix cap alternativa que siga econòmica, funcional i senzilla. Un text, oral o escrit, amb voluntat de ser igualitari pot resultar finalment problemàtic, o incoherent si s'aplica sistemàticament un criteri com els noms col·lectius (*professorat*, *alumnat*, *deganat*, etc.) o pesat i avorrit si fa un ús abusiu de formes dobles (completes o abreujades: *les professores i professors* o *benvolgut/da professor/a).* Un canvi poc natural i difícil que requereix conèixer i usar més d'una solució o alternativa. L'opció d'inventar un morfema neutre (bé amb lletres, com la terminació en *-is*, o símbols, com l'arrova) no és viable perquè toparà amb problemes gramaticals i demanarà un aprenentatge refinat als usuaris fins que aconseguisquen dominar-lo.

En conclusió, la feminització del llenguatge sembla estar restringida, de moment, al registre formal i als textos escrits (o escrits per ser oralitzats). I és que no podria ser d'una altra manera, perquè el canvi prové *des de dalt* i els sectors que promouen la visibilització de les dones en el llenguatge fan un ús formal i intencionat de la llengua. L'extensió d'aquestes estratègies a la llengua col·loquial, necessària per consolidar el canvi, queda encara molt lluny.

8 Una mirada polièdrica sobre una situació sense resoldre

Marina Casadellà

Doctora en Educació-Didàctica de la Llengua per la Universitat Autònoma de Barcelona. Professora associada a la Universitat de Barcelona i a la Universitat de Girona
@marinacasadella

L'onada feminista dels últims anys i la persistència del col·lectiu LGTBI han encès el debat sobre el gènere en molts àmbits diferents, inclòs el lingüístic. Com que la llengua és un dels molts elements que configuren el nostre sistema de vida en comú, els moviments socials s'hi interessen. Això és normal i és sa en un país pretesament democràtic, i hem d'afrontar el debat amb la serenitat i el rigor que demanen les coses importants.

Parlant de rigor, fa l'efecte que la discussió pública del gènere i la llengua s'ha posat de manifest des del que, de fet, són disjuntives diferents. Breument, se'n poden comptar tres: l'ús (o no) de formes femenines per parlar o escriure en plural genèric; el canvi de gènere gramatical en referència a persones que així ho demanen, i els usos del gènere lingüístic per a persones de gènere no binari. Possiblement per la seva proximitat temàtica, el debat públic ha posat aquestes qüestions al mateix sac, i sovint fins i tot les ha confós. Per això, si volem mantenir allò que dèiem del rigor, caldrà abordar-les per separat.

En primer lloc, l'ús de les formes femenines com a plural genèric ha estat tot un revulsiu mediàtic. Ha posat el debat sobre la taula i ha resultat ser un detonant perquè comencem a observar la llengua des d'una perspectiva de gènere. Tot i així, més enllà de l'atenció mediàtica (que sempre té una durada limitada), sembla que en aquest cas l'argument lingüístic, segons el qual les formes genèriques no tenen gènere marcat, s'imposa. Cal recordar que la comunitat lingüística catalanoparlant necessita mantenir una fermesa força estricta en la normativa i l'adequació. Tenint en compte que som parlants d'una llengua històricament minoritzada, que es troba sota la permanent amenaça de ser infusionada dins les llengües amb qui conviu, no ens podem permetre el luxe de desobeir el sistema lingüístic a la lleugera.

En segon lloc, la conversa pública també ha posat la mirada sobre els casos de persones que, individualment, demanen un canvi de gènere a l'hora de referir-s'hi. Aquí la solució és senzilla: no ha de ser un problema emprar el gènere que cadascú demani. L'autodeterminació personal, inclosa la de gènere, és un dret que també es materialitza a nivell lingüístic, i ajustar-se a les demandes individuals és fàcil i lingüísticament normatiu. Per aconseguir-ho, només ens cal espolsar-nos la transfòbia apresa i fer un minúscul esforç de canvi. La solució és tan evident que queda poc espai per al debat.

En últim lloc, hi ha una qüestió que tenim sense resoldre: les referències a persones de gènere no binari, en els casos en què el gènere gramatical sí que és marcat. Per exemple, quan una persona no binària acaba de córrer una marató, li hem de preguntar si *està cansat* o si *està cansada*? No es pot negar que, en aquest cas, el repte és complicat. Hem d'aconseguir incloure totes les identitats de gènere en els usos d'un sistema lingüístic que sí que en fa una distinció binària. A sobre, els catalanoparlants ho hem de resoldre en un context de minorització lingüística que ens obliga a mantenir-nos fidels a un ús normatiu, si no volem que l'onada uniformitzadora dels nostres temps se'ns empassi la llengua per complet. Certament, el garbuix és gros.

Fer que tothom se senti còmode dins de la nostra comunitat lingüística és una responsabilitat col·lectiva. Per aquest motiu, lingüistes, antropòlegs, sociòlegs, filòlegs... i també persones no binàries i el col·lectiu LGTBI en general hem de treballar conjuntament, evitar discursos gremials i capelletes, i buscar les respostes des de tots els prismes. Ens cal distingir les disjuntives, afrontar els debats amb rigor i intentar superar la bel·ligerància i el desordre del batibull mediàtic. És cert que tenim un problema, però només des d'una mirada polièdrica ens acostarem una mica a trobar-ne la solució.

9 En totes les parts m'ascla[1]

Maria Callís Cabrera

La pregunta sobre la petja de la condició de dona en l'escriptura és una de les que més vegades he hagut de respondre al llarg dels anys que fa que escric versos. És una pregunta que, és clar, em fa arrufar el nas, perquè atorga a la meva identitat de gènere la condició de subalterna de la masculina. I perquè rere aquesta pregunta hi ha la idea que, pel fet de ser dona i *gosar poder dir*, cal que doni més explicacions de les que dona un home. ¿A quants homes els han preguntat —i quants homes s'han preguntat— com els afecta la condició de mascle en la creació artística?

El fil, però, es pot tibar una mica més, encara. Si jo, empesa pel zel de reivindicar que el que escric pot arribar a tothom qui vulgui llegir-me, ençà i enllà de la identitat de gènere, m'afanyo a negar la traça de la feminitat en els meus versos en pro d'una pretesa universalitat, en realitat no faig sinó privar la meva condició de dona de la capacitat de ser un motiu literari. En l'art, la marca de la identitat femenina —o de qualsevol altra identitat discordant de la norma— incomoda perquè és jutjada com a parcial, com a anecdòtica. La universalitat és,

1. El títol és part d'un vers de Jordi de Sant Jordi, fixat en l'únic testimoni que el transmet com «Lamor queus hay en totes les part mascle». L'any 1955, Martí de Riquer l'edita restituint la manca de plural de «part» i interpretant «mascle» com a «m'ascla»: «L'amor que·us hay en totes les parts m'ascla». Això, és clar, dona una nova dimensió de lectura al vers, enllà de l'estrictíssima localització anatòmica de l'amor que es derivava de la primera interpretació. És en favor d'aquest eixamplament interpretatiu del mascle, per *asclar-lo*, que jo també voldria treballar.

encara, descaradament mascla (¡quina ironia, aquest femení!), i tota expressió que se n'allunyi o en discordi no pot arribar a la categoria d'art perquè no és capaç de parlar-nos de la condició humana. Ras i curt: la condició *humana* és, ben sovint, la condició *de l'home*, i no de la dona ni de qui viu la seva identitat en uns altres termes. L'home que parla de l'home fa art; la dona que parla de la dona, artesania.

Faig aquesta marrada per posar-nos en un context: el d'una dona que escriu versos en català. I per a aquesta doble condició he escollit sempre el masculí genèric. Això, atès el que he exposat més amunt, podria semblar una contradicció, però per a mi no ho és, perquè no crec que la gramàtica sigui un constructe dels parlants —i doncs, del patriarcat. Les raons científiques que fonamenten aquesta idea s'exposen a bastament en aquest llibre, i no m'hi entretindré. Sí que vull exposar, però, la idea que l'ús del masculí genèric m'ha permès d'escriure dissolent el gènere de les veus que parlen en el poema. Hi ha un *jo* que acostuma a ser femení; hi ha un *tu* que pot canviar de gènere o no identificar-se ni amb el masculí ni amb el femení, i hi ha un *nosaltres*, dissolt en les terminacions en masculí plural, les propietats del qual sovint són l'enigma que empeny i justifica el poema: qui som, *nosaltres*?, i com hi estem, *tu* i *jo*, dins d'aquest *nosaltres*? Tot aquest constructe m'és possible gràcies a l'ús de les solucions gramaticalment naturals de la llengua, les solucions que ens ha llegat la tradició, en les quals no parem esment perquè no interrompen la lectura amb una marca que ara i adés violenti la gramàtica. I és, també, un constructe que sovint, per aquest automatisme en la lectura, passa desapercebut. Se'n va adonar un home, un cop: «fas coses rares», em va dir, i m'ho va dir perquè és masclista. La resta de lectors han omplert els forats pronominals amb les propietats que els ha brindat la imaginació —la pròpia i la del poema. I això em sembla un guany.

L'ENSENYAMENT I L'EDUCACIÓ

10 Sexista, el català o la societat?

Elisabet Vila Borrellas
Professora associada de la Universitat de Barcelona, membre del Grammar and Cognition Lab i professora de l'Escola Xarxa
e.vila@ub.edu

El català, com totes les llengües romàniques, es caracteritza per l'ús marcat del gènere gramatical en articles, substantius, adjectius i pronoms. Tradicionalment, s'utilitza el masculí com a genèric en el plural.

En els darrers temps, s'ha considerat que aquestes particularitats minimitzen i oculten el paper de la dona. Per tant, es conceben com a mecanismes visibles de la societat patriarcal en comptes de trets purament gramaticals, propis de la llengua catalana. Aquesta premissa no es manté si observem altres codis lingüístics. Per exemple, l'anglès, que generalment no presenta el gènere marcat en les seves categories lèxiques, però en canvi tothom és conscient que s'ha de fer més visible la dona en la societat anglosaxona. Un altre cas és l'alemany, amb la mateixa forma de l'article plural i el femení singular i, tot i això, la presència de la dona encara no ha assolit la mateixa rellevància que la de l'home en la societat alemanya.

En el cas del català, han sorgit diverses iniciatives amb l'objectiu de donar visibilitat a la dona. En concret, es proposa canviar el genèric plural femení, desdoblar formes en masculí i en femení i utilitzar formes genèriques per evitar l'ús del masculí com a genèric.

En l'àmbit educatiu, la Universitat de Barcelona i la Universitat Politècnica de Catalunya han elaborat guies per a un ús no sexista del llenguatge. En educació no universitària, l'ús d'aquestes propostes recau a títol personal del docent ja que no existeixen unes directrius institucionals. En termes generals, els nens utilitzen el masculí com a genèric en el plural. També són testimonis directes del desdoblament de formes en masculí i femení en les circulars per a les seves famílies i en la parla d'alguns docents. Unes formes dobles que sovint van en detriment de la fluïdesa i la claredat del text o del discurs. Tot i això, el desdoblament no només ha entrat a les aules a través del llenguatge sinó també amb les tradicions. Aquest Nadal, algunes escoles van rebre la visita del tió i la tiona, representada en la majoria d'ocasions com el tió però amb el cabell i les pestanyes més llargs. Per tant, amb la bona voluntat de potenciar la figura de la dona en aquestes festes, es va carregar la tradició d'estereotips diferenciadors de sexe, segurament més perjudicials per als nens si volem educar-los per a una societat amb més igualtat entre l'home i la dona.

A les aules, també és habitual la presència de formes genèriques per evitar els masculins plurals. Així, s'utilitzen les paraules *professorat* o *infants* per a *professors* i *nens*, respectivament. Aquests exemples no dificulten ni la comprensió ni la funció comunicativa del català, però no sempre és així. De vegades, apareixen expressions com *persones representants* o *persones membres* com a models de redacció d'informes d'institucions locals. Aquestes combinacions són redundants i poc pròpies del català, si tenim en compte que els mots *representant* i *membre* inclouen únicament persones.

En conclusió, amb el propòsit no aconseguit d'erradicar una societat patriarcal, hem carregat d'artificialitat el català, fet que ha provocat una disminució de la fluïdesa i claredat dels discursos i textos en aquesta llengua. Evidentment que és necessari donar a la dona la importància que es mereix en la societat però, per a això, calen més polítiques socials i que les dones apareguin en els llibres de text i en els projectes educatius. El català no és la causa del model de societat actual. Els canvis suggerits en la llengua catalana deterioren la naturalitat de la comunicació i no són l'única solució per canviar la societat.

11 Me'n sento culpable i això que parlo normal

Carme Vilà i Comajoan

@CarmeVilaC

De vegades, quan constato el nivell grotesc del fenomen que comentem, me'n sento culpable, perquè fa dècades la majoria de filòlegs (també els de l'IEC) no en vam dir res. Potser vam pensar que el capteniment benintencionat de quatre polítics o periodistes no aniria gaire enllà.

Sí, el fenomen és grotesc. A còpia de vulnerar la intuïció lingüística, hi ha polítics que han arribat a dir «podemos y podemas». N'hi ha que creient-se molt savis (no en etimologia!) diuen *màtria* o *monomarental* i d'altres canvien expressions clares com *professores embarassades* en enigmes com *quan entre el professorat es presenten casos d'embaràs*. I hi ha periodistes que publiquen articles sobre manteres i mossos il·lustrats amb fotos de mosses d'esquadra patrullant vora uns homes que tenen una parada. I sort que algun legislador lúcid va preveure les conseqüències legals d'escriure, com volien alguns polítics, *persona concebuda* en textos legals!

Però el fenomen ha afectat tothom. Recordo mestres i membres de l'APA (o ja l'AMPA o l'AMPTA) embrancats en un diàleg confús sobre *els i les nens i nenes junts i juntes* aclarit quan algú va dir «Volen dir *tots els alumnes*». O una escriptora que en un curs d'escriptura va agrair l'assistència *a totes i a tot*. I amb la personitis (terme de Gabriel Bibiloni) ni entenem què ens diuen perquè ara hi ha persones treballadores gandules o no sabem a quin grup van les dones prepúbers, les menopàusiques, les que van canviar de sexe... segons aquell alcalde que classifica els conveïns en persones menstruants i no menstruants. I els defensors de la personitis han abandonat expressions tradicionals ben inclusives com *gent gran* o *persona gran*, i han expandit un eufemisme erroni de dos gèneres com *avi*. També s'ha negligit *criatura* i s'ha canviat per *el* o *la bebè*, *bebita* i *bebito* (tot pronunciat en castellà), *nadó* (i *nadona*!)... I s'ha arraconat tant *criatura* que a molts joves els grinyola perquè pensen que només significa 'monstre'.

Me'n sento culpable, perquè no vaig explicar prou que les llengües s'adapten a qualsevol situació nova, com vam comprovar fa poc quan els periodistes esportius parlaven de *l'equip del Barça femení* o *masculí* (o *de dones* i *d'homes*) com si ho haguessin fet sempre. És cert que durant uns quaranta semestres he proposat un debat sobre el tema a futurs filòlegs i, per tant, hi han reflexionat si us plau per força, però he de confessar que al principi no el vaig proposar perquè cregués que estudiants universitaris potser dirien que «hi ha llengües que invisibilitzen les dones» i tòpics semblants, sinó perquè em costava de trobar temes de debat sobre morfologia.

Fins ara a molts no ens han obligat mai a deixar de parlar —com diu Maria Carme Junyent— normal. Per exemple, dec ser l'únic col·laborador de la UOC que des de fa més de 25 anys ha començat els missatges col·lectius invariablement amb un «Benvolguts» i no m'ho ha retret ningú. Ni un dels milers d'estudiants que els han llegit. Però ara sembla que hi ha institucions suposadament plenes d'erudits que hi veuen més enllà del nas, com les universitats, que començaran a obligar a no parlar normal. Inadmissible. Però no crec que se'n surtin, potser perquè, com que el fenomen ha arribat a un nivell tan grotesc, ara hi ha polítics, periodistes, tertulians totòlegs... que s'han cansat d'aquesta comèdia (terme encertadíssim de

Maria Carme Junyent). En poso un exemple: el nou conseller d'Educació de Catalunya, de moment si més no, diu *infants* quan es refereix als alumnes de primària i *joves* quan es refereix als de secundària.

12 Balèria i els terratinents i les terratinents

Maria del Mar Vanrell
Universitat de les Illes Balears
mm.vanrell@uib.cat; @Ximarra

Al llevant de Mallorca, a la carretera entre Manacor i Sant Llorenç, s'hi troba el jaciment de Son Peretó. Es tracta d'una basílica paleocristiana que degué desenvolupar-se entre els segles v i vi dC. Durant els darrers anys s'han duit a terme nombroses excavacions que han afavorit que puguem tenir una idea més clara sobre com era el funcionament intern de les comunitats cristianes de l'antiguitat tardana insular. Paral·lelament s'han creat materials de divulgació, com ara el catàleg de l'exposició «Cent anys de Son Peretó: descobrint el passat cristià», que recull fotografies, textos de l'exposició i les fitxes del material catalogat. En un apartat que parla sobre els edificis religiosos de Son Peretó, hi llegim la frase següent:

> No sabem qui va manar construir tot el conjunt religiós, però sí que podem dir que, a la Mediterrània occidental, foren els bisbes i els grans i les grans terratinents els que varen promoure la construcció de la major part de les basíliques.

És molt probable que quan la llegíeu us hàgiu aturat al sintagma «els grans i les grans terratinents» i hàgiu pensat que el text havia estat adaptat a alguna d'aquelles guies per al llenguatge inclusiu. Provau ara de llegir el mateix fragment, però sense el desdoblament de gènere:

> No sabem qui va manar construir tot el conjunt religiós, però sí que podem dir que, a la Mediterrània occidental, foren els bisbes i els grans terratinents els que varen promoure la construcció de la major part de les basíliques.

Sens dubte ara el text és més àgil. Més endavant, en el catàleg, s'hi introdueix el tema dels enterraments que es troben a l'interior de la basílica i que són, com era d'esperar, els que tenen tombes més elaborades. Aquestes sepultures corresponen a Bassus i a Balèria. L'epígraf de la tomba de Bassus permet identificar-lo com un membre de l'Església de Roma, mentre que la manca d'informació a la lauda de Balèria ha fet que s'hagin postulat diferents hipòtesis sobre la seva identitat. Aquestes hipòtesis van des de la idea que fos la persona que va finançar la construcció de la basílica, amb la possibilitat que tengués certa autoritat eclesial, fins a la de ser una màrtir.

Ara aturem-nos uns segons i aprofundim una mica en les expectatives que heu formulat mentre llegíeu el text. Heu pensat que «els grans terratinents» que promogueren la construcció de les basíliques eren només homes? I quina imatge mental us heu fet de Balèria? L'heu vista exercint un ofici eclesiàstic (diaconessa o prevere) o en canvi heu pensat que havia de ser màrtir? Si heu pensat que «els grans terratinents» eren segurament només homes i que Balèria, en canvi, era una màrtir, heu experimentat el que es coneix com a *biaix inconscient de gènere*. Actualment la hipòtesi més acceptada és que va ser benefactora de la construcció, possiblement amb autoritat dins la comunitat.

El terme biaix inconscient (o implícit) de gènere fa referència a tota una sèrie d'associacions que adquirim en la primera socialització. Es tracta d'un mecanisme per simplificar la complexitat de la realitat. Podríem pensar que aquest biaix opera a partir del nostre coneixement del món, cosa que explicaria que determinades professions (astronauta, bomber, científic) no s'associassin amb dones perquè fins ara hi havien estat infrarepresentades. Tanmateix hi ha estudis que demostren que els biaixos són més poderosos que el coneixement mateix del món i que prevalen fins i tot en infants o joves que han crescut en un entorn en què les dones han tengut professions considerades «típicament» masculines.

Com podem revertir aquest biaix? Ser conscients que aquests biaixos existeixen ja és una bona cosa. Els canvis en la societat són indispensables, però com hem vist no sempre són suficients. La llengua té recursos per fer front a aquest biaixos, per rompre determinades expectatives. No usar aquests recursos és privar-nos de la creativitat de les llengües, del poder que tenen a l'hora d'adaptar-se a noves situacions que han emergit dels canvis socials. Ara bé, no hi ha receptes miraculoses: ni estratègies com el desdoblament poden aplicar-se de manera indiscriminada ni, com hem vist, el masculí plural genèric té sempre un caràcter inclusiu. Caldrà, doncs, cercar sempre l'opció més eficaç des del punt de vista comunicatiu que, com sabem, no necessàriament ha de ser la més econòmica.

13 Mirar el llenguatge inclusiu des de la interacció

Júlia Llompart Esbert

Investigadora postdoctoral i professora de la Universitat Autònoma de Barcelona

Quan em pregunten sobre el tema del gènere i la llengua, recordo una anècdota. En un taller sobre la intercomprensió lingüística amb trenta estudiants de Traducció i Interpretació, la meva companya de taller i jo els vam demanar de traduir el titular d'una notícia de l'anglès al castellà —*Professor ranked one of the most influential in Engineering*. La resposta va ser unànime: *Un profesor de ingeniería*. En preguntar-los si podien dir amb seguretat que era *un profesor*, vam rebre reaccions diverses i que em semblen paradigmàtiques: algunes ho van negar rotundament tot mostrant la seva indignació amb elles mateixes; d'altres van justificar el seu error, tot indicant que l'anglès no té flexió de gènere; una altra va apuntar que la raó de l'error rau en el constructe social sobre les professions i el gènere, així, un enginyer és un home, però una infermera —o *nurse*— és una dona; i, mentre un altre grupet encara debatia si la paraula adequada per a la traducció era «profesor, catedrático o docente», una de les joves seguia insistint que era un home perquè al text alguna cosa ho mostrava.

Sembla que, darrerament, el debat sobre el llenguatge inclusiu centra moltes de les qüestions sobre el gènere i la llengua: des de la necessitat de canviar la llengua per canviar la societat, passant pel manteniment de l'ordre de les coses —és a dir, de la gramàtica—, fins a la visió de l'ús del llenguatge inclusiu i de certes grafies com a perill per a l'escola, la llengua i, fins i tot, la *Republique* en el cas francès. Malgrat el debat actual, les propostes i guies de llenguatge no sexista es troben ja instaurades en moltes institucions i són d'ús obligatori. Així, per tal de defugir el llenguatge sexista i discriminatori, es proposen recursos que fan visibles les dones i eviten l'ús del masculí plural genèric. Amb tot, tant part del debat com les solucions adoptades fins al moment posen l'èmfasi en què el canvi en la forma d'anomenar les persones és clau en la lluita per la igualtat i la no-discriminació per gènere. Tant de bo amb això n'hi hagués prou, però potser cal alhora posar el focus en altres qüestions.

De fet, la relació entre gènere i llengua s'ha estudiat des de diverses perspectives i seguint diversos mètodes. Els estudis que centren la seva mirada en la interacció —en la parla-en-interacció— han proposat d'examinar les qüestions del gènere a través de veure què ocorre quan parlem, és a dir, què fem rellevant i què no, com ho fem i, concretament, si s'observa alguna mena de *doing gender* —fer el gènere— i sexisme en la parla. Concretament, la recerca d'anàlisi conversacional feminista pretén examinar si l'opressió i el poder poden observar-se en el detall de la interacció. Aquesta mirada detallada que s'ha interessat, per exemple, per com les persones atribuïm el gènere, per com actuem seguint concepcions normatives i per com reproduïm o transcendim les normes de gènere és necessària per observar la qüestió del gènere i el sexisme en la llengua. L'aparició de neologismes com *mansplaining* o *manterrupting* per definir conductes interactives sexistes va en aquesta línia.

La qüestió del gènere i la llengua és sens dubte complexa i potser ens cal anar més enllà a nivell lingüístic i no només promoure certs recursos necessaris —siguin més o menys acceptats gramaticalment— per oferir a la nostra llengua i parla un caràcter més igualitari i inclusiu. Potser caldria també posar el focus a entendre els mecanismes de construcció del gènere i el sexisme en la interacció i quines implicacions socials i polítiques pot tenir per, sobretot, combatre-ho. En qualsevol cas, ens queda un llarg camí per recórrer. Si ho pensem bé, les persones participants al taller d'intercomprensió tenien l'opció de triar *profesora*, però no ho van fer.

14 Professors, visibilitzem el masculí plural

Alba Granell Rosich

Filòloga catalana i professora de secundària a l'educació pública
@albaagranell

Educar és coeducar. Ja fa temps que la coeducació ocupa un espai prioritari a l'agenda del Departament d'Educació. Aquesta acció educativa, considerada un dels principis rectors del sistema segons la Llei d'Educació de Catalunya (LEC), pretén eliminar qualsevol discriminació per raó de gènere o d'orientació sexual. La coeducació ens ha d'ajudar a construir una societat feminista, sense desigualtats ni violències. Ras i curt: la coeducació és absolutament necessària. Però —i ja deveu saber cap on vaig— podria modificar i millorar un dels seus eixos d'actuació: el «llenguatge no sexista» o «llenguatge inclusiu».

Quan t'estrenes com a professor a un institut, de seguida comproves que hi ha lèxic plenament consolidat com *alumnat*, *famílies*, *professorat* o *equip docent*. Per exemple, la *direcció* —terme que t'inquieta, perquè mai no saps si es tracta del director o de l'equip directiu— t'envia un correu que s'obre amb un *Benvolguts i benvolgudes* o *Benvolgut professorat* —fórmula que inevitablement crea cert distanciament—, i t'informa sobre les reunions de *tutoria* —és a dir, de tutors. En certs casos, la recepció és enfarfegosa i genera ambigüitats.

Si bé existeixen eines a l'abast com la *Guia d'usos no sexistes de la llengua* (2011) que faciliten els malabarismes en la redacció de textos, l'oralitat és com un salt sense xarxa. Per què s'insisteix tant en la llengua escrita i tan poc en la llengua oral, que és la protagonista a les aules? Sembla comprensible que un docent no sàpiga ni com saludar els alumnes quan entra a classe. Des del punt de vista coeducatiu, *Bon dia, nois!* o *Bon dia a tots!* no serien expressions adequades. Tot i emprar el masculí plural inclusiu, se l'acusaria d'invisibilitzar les noies. *Bon dia, nois i noies!* o *Bon dia a tots i totes!*, amb les formes dobles, es considerarien pertinents. També podria pensar que *Bon dia, alumnat!* o *Bon dia a tothom!* funcionarien per apel·lar el conjunt dels individus. La primera expressió, ja sedimentada en l'escriptura, grinyolaria en l'oralitat, però com més desdibuixem els gèneres, millor, oi? Encara hi ha qui aniria més enllà i optaria pel femení genèric *Bon dia, noies!* o *Bon dia a totes!* o, encara més enllà i per no deixar-se ningú, utilitzaria la invenció de la marca de gènere *-i* en plural: *Bon dia, noiis!* —que sonaria gairebé com *nois*— o *Bon dia a totis!* Dit sigui de passada que aquesta darrera opció té efectes col·laterals sobre la llengua, ja que la forma pronominal *lis* genera malsons com *Lis vull recordar una cosa* quan caldria dir *Els vull recordar una cosa.*

Després d'haver elegit la salutació, el docent haurà de decidir què fa, per exemple, amb els adjectius d'expressions com *Que esteu cansats?*, *Esteu molt esverats!*, *Us veig preocupats*, *Estigueu atents, si us plau!* o *Preparats, llestos, ja!* Una opció més enllà del masculí plural seria il·lògica i del tot insostenible tenint en compte el ritme trepidant d'una classe. Qui ha trepitjat una aula sap que una hora lectiva passa volant i cada minut és or. Les formes dobles, per exemple, atemptarien contra l'economia lingüística i parlar únicament en femení —sense dirigir-se exclusivament a les noies— suposaria sortir totalment del sistema gramatical de la llengua. Pel que he vist, la cosa va així: el docent tria en funció de si preval la seva consciència lingüística o la seva posició ideològica. Conec docents que parlen en femení genèric, d'altres que desdoblen almenys en la salutació, d'altres que incoherentment van combinant opcions i una minoria que intentem mantenir el masculí genèric tant en la llengua escrita com en l'oral. Un coneixement profund de la llengua catalana serviria perquè els professors recuperessin les formes masculines. De seguida s'acabarien les incoherències i les inseguretats —bé, menys aquelles que arrosseguem pel fet de parlar català—, i no invisibilitzaríem ningú.

Coeducar vol dir modificar les estructures de la llengua? Diria que no, perquè volent assolir la igualtat estem generant diferències innecessàries. Com a professora, vull convèncer una alumna que, si vol, pot formar part del cos d'enginyers com a enginyera o esdevenir poeta i no poetessa, tal com defensava Maria-Mercè Marçal. També procuro fer-los conscients de la importància de *contribuir activament* i no només *ajudar* en les tasques domèstiques; o del significat de paraules que cal conèixer per definir la realitat, com *cis* o *queer*. D'altra banda, em preocupa l'ús despectiu que alguns nois encara fan de paraules com *gai* o *nena*; l'ansietat que algunes noies pateixen per les pressions estètiques derivades de les xarxes socials; o les actituds masclistes que molt puntualment he rebut a l'aula pel fet de ser dona. Dubto que els canvis en la llengua puguin millorar tot això.

Es podria dir, amb el permís de Montserrat Abelló, que estimem tant la llengua que la fem nostra moltes vegades. Això és bo, però no sempre. Alguns dels esforços lingüístics per evitar discriminacions i afavorir la visibilització de les dones no ens aproximen a la igualtat i, en molts casos, ens deixen una llengua feixuga i disfuncional. Tinc la sensació que és una pràctica d'aparador o de postureig, que simplement genera un discurs políticament correcte i no ens fa ni més ni menys feministes. I ja s'ha dit molt, però convé repetir-ho: es pot ser feminista i utilitzar el masculí genèric.

15 Els arbres no ens deixen veure el bosc

Carla González Collantes

Universitat Autònoma de Barcelona,
Universitat Pompeu Fabra
@ambbicicleta

Crec que vaig ser plenament conscient de la tragèdia que suposa el desdoblament del gènere en català quan vaig començar a fer classes a la Facultat de Ciències de l'Educació de la Universitat Autònoma de Barcelona, l'any 2009. Els textos que m'entregaven els alumnes n'anaven plens, de desdoblaments amb la conjunció copulativa (*els nens i les nenes*) o, encara pitjor, amb la barra inclinada (*els/les nens/es*). Eren textos farragosos que se'm feien molt difícils i pesats de llegir. I, si es tractava de textos escrits per ser dits, com acostuma a passar amb molts dels que treballem a les aules, aleshores la lectura esdevenia directament impossible.

Quan demanava als alumnes que no feren desdoblaments em miraven amb estranyesa, avesats com estaven, segons em deien, que la resta de professors els digueren que si no volien discriminar ningú havien de fer-ne ús. Quan jo contradeia aquesta pràctica hi havia alumnes que no només em miraven malament, sinó que fins i tot m'acusaven de masclista. Per no fer desdoblaments i aconsellar-los no fer-ne! El llenguatge ha de ser inclusiu, em i els deien. Sí, el llenguatge ha de ser inclusiu i respectuós amb tothom, però em sembla que hi ha altres maneres d'aconseguir-ho que no destrossant la gramàtica ni escrivint textos inintel·ligibles. Fets, no paraules. O no només.

Tanmateix, aquests mateixos alumnes em miraven diferent, i també es miraven amb uns altres ulls el llenguatge inclusiu, quan els preguntava per què *els alumnes* no i *l'alumnat* sí o per què *els professors* no i *el professorat* sí. Que no ho veieu, que tots dos mots són masculins? Si fem servir *alumnat* i *professorat* sense manies, per què no podem fer el mateix amb *els alumnes* i *els professors*? Ara bé, més enllà d'aquest exemple que potser és anecdòtic, la meua resposta, quan ha sorgit la possibilitat de parlar sobre el gènere a classe, sempre ha estat donar (in)formació als alumnes remetent-los a articles que per a mi han estat especialment reveladors i que es poden trobar fàcilment a internet.

Un d'aquests és el que va publicar el 29 de juny de 2017 l'escriptora, periodista i correctora Bel Zaballa a *VilaWeb*, titulat «Si de debò volem feminitzar el llenguatge». Llegint-lo, a més de gaudir de la prosa amb què escriu, vaig aprendre uns bons pessics de llengua descobrint tot de recursos que podem fer servir «sense haver de caure en l'aberració gramatical» i «mantenint la genuïnitat de la llengua». «Amb quina ens surt ara!», «Ara ve la bona», «Aquesta sí que no te l'esperaves», «Que no ens la foten», «Anar a la seua» o «Dir-hi la vostra» són algunes de les expressions que ens convida a utilitzar Zaballa en aquest article, que he fet servir infinitud de cops a classe.

Un altre article, «Llengua, gènere i sexe», de Gabriel Bibiloni, em va donar encara més arguments per reafirmar-me en una idea que feia molt de temps que tenia clara: ni desdoblaments en masculí i femení ni femenins genèrics trets de la màniga. En aquest article Bibiloni fa una aportació magistral per entendre què és el gènere, com funciona i per què «la igualtat de les persones s'ha de treballar dia a dia en tots els àmbits de l'existència i la convivència, però no vindrà d'inventar ni d'imposar coactivament un llenguatge que, a més de mostrar-se inviable, pretén substituir-ne un altre que, en els aspectes centrals de la qüestió, no té cap altre problema que haver estat víctima d'un malentès».

Adés deia que no estic a favor ni dels desdoblaments ni dels femenins genèrics. Dels primers, entre molts altres motius, perquè contravenen un dels principis bàsics de l'escriptura, la concisió, i ens fan caure en un parany de què també hem de fugir, les redundàncies més absurdes. Dels segons perquè des del punt de vista lingüístic no tenen cap base: en català el gènere neutre, és a dir, el no marcat, és el mal anomenat masculí. Mal anomenat perquè el gènere gramatical res té a veure amb el sexe o el gènere com a constructe social, però el fet de compartir adjectiu per etiquetar-los ha creat la confusió que ha estat la pedra foguera d'una lluita contra el llenguatge sexista que crec que poc té a veure amb la lluita contra el sexisme. Si en compte d'aquesta terminologia la gramàtica n'hagués emprat una altra, segurament aquesta polèmica no existiria. Ni tampoc aquest llibre.

Han passat els anys i en les assignatures que he impartit a diferents graus a les universitats on treballe com a professora associada m'he continuat trobant alumnes que (ab)usaven dels desdoblaments i, en menor mesura, alguns que feien servir el femení genèric. La meua resposta i proposta sempre ha continuat estant la mateixa. Perquè em sembla que no podem permetre que hi haja arbres que no ens deixen veure el bosc, ni en aquest assumpte ni en qualsevol altre.

16 El problema de l'escriptor i el lector

Laura Gomara

Escriptora i docent
@lauraromea; www.lauragomara.com

Quan preparo materials d'escriptura, parlo molt de dues figures: l'escriptor i el lector. Són termes amb els quals sempre trobo problemes perquè la gent acostuma a visualitzar automàticament un home. Això és culpa dels estereotips, no de la llengua, però a classe de vegades la situació acaba sent una mica incòmoda. I és que, que sigui culpa dels clixés no vol dir que no passi, que puguem obviar el fet que la majoria dels meus alumnes, quan parlo de «l'escriptor», pensen en un senyor gran, amb barba. A mi això no m'agrada perquè vull que també pensin en dones, que llegeixin dones, no tant per ser dones, sinó perquè expliquen històries igual de bones que les dels homes.

El que ha de canviar són les seves idees interioritzades, no la llengua. Però puc, a través de la llengua, ajudar a obrir una mica els seus límits imaginatius? Puc fer que no pensin sempre en un home? Com puc fer que se n'adonin que, quan dic «l'escriptor», estic dient «la persona que escriu» i que allà hi entren perfils molt diferents?

Fa temps que rumio una solució, almenys parcial.

Propostes no me'n falten, però les estratègies més esteses del llenguatge inclusiu no són vàlides. No ho són per a mi, que em dedico a l'escriptura creativa, perquè les seves expressions són formulàries. El llenguatge inclusiu que promouen les institucions només té una lectura possible i actua com una pantalla que és inviable en la literatura. Si el fem servir en un text narratiu, la ideologia passa per davant de la història i la novel·la es converteix en pamflet.

Ni tan sols les novel·listes que conec que estan més a favor del llenguatge inclusiu el fan servir amb tota la seva potència (i absurd) en les seves novel·les. I és que elles també saben que aquestes propostes concretes (parlo de l'ús del desdoblament, dels noms col·lectius i abstractes, etc.) no funcionen en un text literari perquè en traeixen dos dels seus fonaments: la veritat i la bellesa. La qüestió estètica crec que és clara. El concepte de veritat és una mica més complicat. Podem dir «la junta directiva» perquè «hi hagi lloc per a les dones», però el que estem esborrant aquí és que a les juntes directives no hi ha dones o són una minoria. Podem dir «el personal de neteja» per no donar per fet que tota la plantilla està formada per dones, però això no canvia la realitat: la plantilla està formada per dones. Mai no he vist un home de la neteja. I, quan escric ficció —i en última instància vull explicar la veritat a través de la mentida— no m'interessa maquillar aquest fet. L'ús sistemàtic del llenguatge inclusiu maquilla la realitat, no la canvia. Però m'estic allunyant del tema.

Com deia, fa temps que rumio una possible solució, almenys parcial, per sorprendre els meus alumnes. Encara no l'he trobada, però sí que vaig recopilant idees. Una d'elles l'he tret de l'escriptora Ursula K. Le Guin. En els seus articles de no-ficció, Le Guin explora una manera de sobtar el lector. Parla de «the writer» de manera general però, quan concreta dos paràgrafs després, diu «she said...». El recurs (no és la primera a fer-lo servir) és literàriament elegant, gramaticalment impecable i et fa adonar que si la teva imatge mental era un senyor gran amb barba, potser el problema és la teva imatge construïda a partir dels escriptors que surten als llibres de text de secundària.

Però l'Ursula K. Le Guin escriu en anglès, podem d'adaptar al català aquest recurs? Fins a cert punt. Jo fa mesos que experimento amb ell en els meus materials d'escriptura. No és fàcil, és un recurs estilístic que cal dominar, com qualsevol altre, i n'hem de conèixer els límits.

17 Els científics i les científiques o simplement els científics? Tot depèn del context!

Rosa Estopà

Institut de Lingüística Aplicada.
Universitat Pompeu Fabra
rosa.estopa@upf.edu; @rosaestopa;
http://defciencia.iula.upf.edu/

No havia donat mai gaire importància a la qüestió del gènere gramatical. Per referir-me a un col·lectiu d'homes i dones trobava normal usar el masculí genèric.

Ara bé, arran de la publicació l'any 2012 del *Petit diccionari de ciència* vaig haver de reflexionar sobre l'ús del masculí genèric a l'hora de redactar les definicions: què era més adequat, fer servir el masculí genèric com feia habitualment en els meus textos o utilitzar altres fórmules alternatives pretesament més *inclusives*? Es tractava d'un diccionari de ciència per a infants d'entre 5 i 8 anys. És un diccionari col·laboratiu fet a partir del coneixement acumulatiu que tenen els escolars en aquesta edat.

Ho vaig tenir molt clar: en aquestes edats tan primerenques de l'aprenentatge d'una llengua les nenes no se senten identificades en el masculí genèric. Per què? Doncs justament perquè no es tracta d'una qüestió innata, sinó d'aprenentatge d'unes regles gramaticals. La decisió la vaig prendre quan en l'etapa de recollida de la informació entrava en una classe i els deia:

—*Ja sabeu que estem treballant per construir un diccionari per a nens.*

I a totes les escoles hi havia sempre una mà d'una nena aixecada que em deia:

—I per a nenes no?

O:

—Jo em pensava que també seria per a nenes.

Consultant-ho amb mestres, em van confirmar que és ben comú que a P5, primer i segon, les nenes no s'incloguin sempre en el col·lectiu del masculí genèric; per això, discursivament cal anar molt amb compte per no deixar-les fora. Així que vam decidir controlar cada vegada que apareixia una referència a una professió o a una persona. Vam optar per, en el cas que fos possible, utilitzar una paraula que no les exclogués: en lloc d'*home* fer servir *persona*, *gent*, *infant*, i en les professions vam optar per expressar els dos gèneres encara que en resultés un text més feixuc: «Un laboratori és un lloc on treballen *els científics i les científiques*, i on fan experiments i descobriments. *La gent* que treballa en un laboratori sol portar guants i bata.»

Més recentment, he publicat un altre diccionari per a infants: *El primer diccionari de medicina il·lustrat*, 2019 (*https://www.diccionaridemedicina.app/web/*). Els destinataris d'aquesta obra són també infants, però de 9 a 12 anys. En aquest cas la solució va ser ben diferent: vam optar per fer servir en les definicions l'ús del masculí genèric. Aquesta decisió no respon a cap voluntat de discriminació sexista, sinó a un ús eficient i concís propi de la llengua catalana i d'altres llengües romàniques com el castellà, el francès o l'italià. De manera que quan en les definicions es diu *metge* s'inclou a tots els *metges* i *metgesses* o quan es parla d'*infermers* es refereix als *infermers* i *infermeres*. En aquest diccionari vam valorar primer que en aquestes edats les nenes (i també els nens) ja tenen consciència lingüística de l'existència en la seva llengua del masculí genèric i, segon, i no menys important, el fet que usar el desdoblament carregava excessivament el text de les definicions, que en aquest cas eren més complexes.

Sempre hi ha excepcions. En els casos en què la informació era socialment molt sensible, i en què cal que no hi hagi cap dubte, que cap infant pugui tenir cap dubte que el masculí genèric inclou nens i nenes, vam fer explícits els dos gèneres. Aquest és el cas d'*anorèxia* en què es va comprovar que en les explicacions prèvies al diccionari tots els escolars deien que l'*anorèxia* afectava només les nenes, i com que aquesta dada no és certa i és perillosament falsa es diu a l'entrada d'aquest terme: «[...] L'anorèxia és una malaltia que es dona molt entre adolescents, tant si són nois com noies.»

En definitiva, en aquest tema també cal sentit comú i valorar les persones que intervenen en una situació comunicativa determinada per adequar-nos-hi.

18 «Els alumnes i alumnes»: desdoblem, desdoblem, que la llengua maltractarem

Laia Cutillas i Alberich

Lingüista, professora
de la Universitat de Lleida
@laeqti

D'un temps ençà, el llenguatge «políticament correcte» s'ha estès com una taca d'oli. El problema és que el llenguatge políticament correcte moltes vegades és gramaticalment incorrecte. Com a docent dels graus d'Educació Infantil i d'Educació Primària en diferents universitats catalanes puc constatar que, en els treballs acadèmics, s'ha generalitzat el desdoblament de gènere («els professors i les professores», «els i les professors i professores», «els/les professors/es»). Això, que podria ser una simple qüestió d'estil, comporta tota una sèrie d'errades gramaticals força preocupants per a la nostra ja malaurada llengua.

Un dels primers exemples amb què em vaig topar és el que teniu al títol: desdoblar el nom (invariable quant a gènere en plural) i no desdoblar el determinant (que seria el que podria marcar la distinció de gènere). També m'he trobat amb «les infants», és a dir, usar el determinant en femení amb un nom que només té masculí. La setmana passada vaig rebre un correu que deia: «Benvolgudes professores, les enviem aquest correu...», aquí ja m'entra el dubte de si aquest «les», que hauria de ser «els» perquè és un complement indirecte, és per voler-ho posar tot en femení o per influència del castellà: jo apostaria per la primera opció.

A més dels evidents problemes gramaticals que comporta desdoblar a tort i a dret, aquesta tendència va en contra d'un dels principis lingüístics fonamentals: l'economia del llenguatge. Sí, potser posar un «Benvolguts i benvolgudes estudiants» a l'inici d'un correu electrònic no costa pas tant, només són dues paraules més; però si això ho fem en un treball final de grau o en una tesi doctoral, penseu en com de farragós serà llegir tot de sintagmes desdoblats, amb els corresponents determinants i adjectius que hi concorden («els autors citats i les autores citades», «els i les autors i autores citats i citades», «els/les autors/es citats/des»). No sé vosaltres, però jo aviat perdo l'interès a llegir un text així.

Usar el masculí com a genèric no té res a veure amb el patriarcat ni amb el poder dels homes. El gènere no marcat, en català, és el masculí, de la mateixa manera que el nombre no marcat és el singular. Per això, quan busquem un adjectiu al diccionari el trobarem en la seva forma masculina i singular, i això no vol dir que no tinguem en compte les altres formes. Us imagineu com de llarg seria un diccionari si totes les formes flexives d'una paraula haguessin de tenir entrada pròpia? Doncs, més o menys, com aquells treballs amb tot de sintagmes desdoblats.

En definitiva, l'anomenat «llenguatge no sexista» el que fa és, precisament, sexualitzar el llenguatge, fent que el gènere gramatical de les paraules hagi de coincidir, sí o sí, amb el sexe de les persones a qui es refereixen. I el pitjor és que ens fan creure que, si no desdobles, és que no visibilitzes les dones. Deixeu-me dir una cosa: no vull que em visibilitzin, vull ser-hi.

19 El persó, the sun i la infanta

Mariona Casas i Deseuras

Professora del Departament de Filologia i de Didàctica de la Llengua i la Literatura de la Universitat de Vic - Universitat Central de Catalunya (UVic-UCC) i membre del Grup de Recerca en Educació, Llenguatge i Literatura (GRELL)
mariona.casas@uvic.cat

Quan era petita, per a mi tots els homes eren *papes*. Si deia «avui he vist un papa sense cabells», en realitat volia indicar que havia vist un home calb; l'atribució del rol de pare la donava per descomptada. Una altra de les meves cavil·lacions lingüístiques era que no considerava que un home fos una persona, sinó un *persó*. «Mira quina barba més llarga que té aquest *persó*!», es veu que deia. Deixant de banda la meva obsessió per temes capil·lars, aviat vaig descobrir que no tots els homes eren pares però, en canvi, em va costar una mica més entendre per què no podia continuar designant-los com a *persons*.

Aquestes dues anècdotes les explico a les classes de didàctica del llenguatge que imparteixo al grau de Mestre de la UVic-UCC i m'ajuden a demostrar com de fascinant i de particular és el procés d'adquisició d'una llengua. Els infants assignen significats diferents a les paraules, creen les seves pròpies regles lingüístiques i, en definitiva, manipulen la llengua com si fos plastilina perquè els encanta jugar amb els mots i explorar aquesta eina tan extraordinària que tot just estan descobrint.

I és que la manera com les persones ens relacionem amb la llengua és apassionant. A més, com que convivim en entorns multilingües, podem ser més conscients de les semblances i diferències entre llengües. Fa un temps, una mestra m'explicava que a classe havia sentit una interessant conversa entre dos nens: l'un insistia que el sol era «un home»; l'altre argumentava que «en anglès, no, perquè *sun* no és home ni dona, no és res».

Aquest diàleg és un magnífic exemple de reflexió interlingüística que ens permet introduir el concepte de gènere —no pas de sexe— en les llengües. El català és una llengua amb marca de gènere (nominal i binari) i aquesta és una diferència amb la llengua anglesa que, com hem vist, pot ser fàcilment observable en infants de casa nostra que estan aprenent anglès. En la mateixa línia, fora interessant fer notar exemples de contrast morfològic entre el català i el castellà, com per exemple que *dent* és un nom femení i *diente*, masculí.

En tot cas, com a ensenyant de llengua, procuro promoure aquest tipus d'aprenentatges (inter)lingüístics. Comprendre com funciona la llengua és el primer pas per usar-la amb propietat. La llengua és un esplèndid instrument amb inesgotables possibilitats que està al servei de qui parla, que és qui decideix com parla i, sobretot, com actua (és a dir, com passa del discurs a l'acció). Per això tinc la sensació que el debat sobre el sexisme en la llengua ha obviat el rigor científic i ha quedat abduït per una correcció política poc sensata. El discurs és tan potent que sembla que no se'n pot dissentir, però des del punt de vista lingüístic convindria explorar altres maneres d'afrontar la perspectiva de gènere. Vet aquí tres propostes:

1) Evitem els desdoblaments artificiosos (per exemple, «el/la nen/a que és nerviós/osa ha de ser atès/a per un/a expert/a») i usem correctament els genèrics (per exemple, *infant*), perquè és evident que els primers atempten contra l'eficàcia comunicativa i el mal ús dels segons pot arribar a ser ridículament grotesc (*infanta*).

2) Indaguem el ventall d'opcions que ofereixen les diverses llengües amb les quals estem en contacte: comparem-les, respectem-les, estimem-les i, sobretot, dessexualitzem-les. Comprovem que gènere i sexe no és el mateix.
3) Cultivem, alhora, l'educació lingüística i la ciutadana. De la mateixa manera que és incongruent dir: «Vostè, mare, vagi-se'n a la merda» (adduint que parlant-li de vostè, ja la respecto), és igualment denigrant (però ens visibilitza!) exclamar: «Benvolgudes: totes juntes, vosaltres dones, sou l'escòria de la societat».

20 Pares i mares, nadons i «nadones», marrecs i «marreques»

M. Carme Bernal Creus

Professora emèrita de la UVic-UCC. Especialista en Didàctica de la Llengua i la Literatura en la formació de mestres
mcarme.bernal@uvic.cat

A l'escola bressol

A les nostres escoles bressol el llenguatge referit a la professió transita bàsicament tot ell en femení, de manera que parlem de l'horari laboral de les mestres; del sou excessivament minso de les educadores; de la planificació didàctica que han fet les mestres, de les TEI o mestres de suport, etc. A l'escola bressol també hi sol haver una cuinera i una directora. Si és que hi ha algun mestre —a tot el territori català a penes comptaríem deu nois mestres de 0-3 anys en total— no se sol sentir interpel·lat negativament per la feminització del llenguatge.

Ara bé, quan es parla de les famílies, a les comunitats educatives de 0-3 anys sempre es parla dels pares i les mares; dels avis i les àvies, dels germans i les germanes. I, també, quan es fa referència en general a les criatures en els informes i orientacions escrites, no hi falta «els nens i les nenes». Si parlem de les aules, aleshores el desdoblament, comptant escasses excepcions, sol desaparèixer sense cap mena de prejudici, de manera que ens referim amb naturalitat a la classe dels nadons o dels lactants (3-15 mesos) o a l'aula dels caminants (15-24 mesos). O sigui, que a l'escola bressol, pel que fa als desdoblaments, es fa tot a mitges.

Al parvulari

Al cicle de 3-6 anys, o parvulari, passa tres quarts del mateix que a l'escola bressol, per bé que aquí la situació se'ns complica un xic. Potser sí que hi trobaríem ja més nois mestres que a l'escola bressol, no gaires més, però el tractament seria el mateix. Allà on podríem sucar-hi pa és quan parlem dels noms de les aules referits a animals: els peixos, els dofins, les granotes, els gossos (però no les gosses), els follets, els tigres (però no les tigresses), els lleons (però no les lleones), els conills (però no les conilles), els cavallets de mar, les aranyes... Quan el nom fa referència a actituds o comportaments, sembla que, en general i amb poques excepcions, queden més bé els noms masculins perquè marquen una mica més la «gosadia»: els xerramecs; els entremaliats; els trapelles, etc., però no les xerrameques, les entremaliades o les trapelles Si es tracta d'oficis o personatges, es parla de les classes dels pirates, els pescadors, els barrufets o els esportistes, i no en femení o en tots dos gèneres. Pel que fa a la literatura escrita —informes, circulars, orientacions curriculars, etc.—, predominen els desdoblaments «els nens i les nenes», per bé que han anat agafant ús i consistència les paraules «infant» i «criatures», ambdós termes usats sempre fora de l'àmbit lingüístic de la vida quotidiana de l'aula o del cicle. Es diu «Els nens i nenes d'aquesta classe», però no es diu «Els infants o les criatures d'aquesta classe».

Als estudis de mestre en educació infantil

En els Graus d'Educació Infantil hi sol haver generalment un sol noi a l'aula, o com a màxim i molt excepcionalment, dos.

Els problemes fan acte de presència des del primer dia, en l'instant de la salutació. Podem saludar els alumnes dient:

—*Bon dia a totes*!

Però aleshores arriba la primera autocorrecció interior i visceral «i tot?». I acte seguit cames ajudeu-me a buscar un genèric:

—*Bon dia a tothom*!

Aquesta adaptació suposa un suplici permanent per adaptar el llenguatge i els desdoblaments a les circumstàncies reals esmentades. La llista del que no es pot dir, o d'allò que t'has d'abstenir de dir mal que et pesi, és interminable: *Benvolguts alumnes...*; *Benvolgudes alumnes...* Amb la posterior reorientació: *benvolgudes i benvolgut alumnes,* que queda certament estranya del tot. La ficada de pota permanent: *Quan totes hagueu acabat (i tot?);* i la reorientació de l'enunciat: *Quan tothom hagi acabat...* O bé: *A veure, escolteu-me totes*, i *Carles tu també...* I encara apareixen altres dubtes: *No sé pas què us passa avui, noies (i noi?).* I l'autocorrecció immediata: *No sé pas què us passa avui!*

Però, per sort, en alguna ocasió és el mateix alumne que et ve a socórrer amb aquell *Ja hi estic acostumat, no et preocupis.*

«Si no ets conseqüent fins al final et suspendré»

En revisar els treballs de final de Grau de Mestre els professors tutors poden advertir els alumnes que siguin conseqüents amb el desdoblament del gènere si és que estan disposats a fer-ne qüestió: *No em vinguis amb mitges tintes!* Però aleshores el text queda ranci i desdibuixat com una mala cosa:

> «Si els pares o les mares demanen una entrevista amb els mestres i les mestres o amb el tutor o la tutora, no és sobrer expressar l'agraïment. En el decurs, tots i totes ens podem equivocar; tots i totes ens podem sentir violents i violentes si ens trobem en determinades circumstàncies. Tots i totes podem mostrar la nostra inquietud. Un mestre que se sent menystingut o una mestra que se sent menystinguda per un pare o una mare pot tenir sentiments negatius envers aquest pare o aquesta mare. Si el mestre o la mestra no tenen una bona preparació poden caure en conductes verbalment defensives que poden molestar i entorpir la bona harmonia entre els i les mestres i els pares i les mares.»

I ves-hi a penjar un llum! Aleshores la recomanació perquè el treball arribi a bon port i les orelles no ens facin mal és que s'utilitzi una gran varietat de possibilitats: els nens, els infants, les criatures, els alumnes, les famílies, els pares, etc., i també que les frases no continguin incorreccions de l'estil: «els nens/nes petits/tes», ni repeticions forçades, com ara «els nens i les nenes petits i petites».

21 El llenguatge no sexista: un parany?

Mònica Barrieras Angàs

Professora associada a la Facultat d'Educació de la Universitat de Barcelona i membre del Grup d'Estudi de Llengües Amenaçades @GELA1092
@BarrierasMonica

Tot i que em considero lingüista, soc també professora a la Facultat d'Educació de la UB. Atès que el de l'educació és un dels àmbits on aparentment més implantació ha tingut el llenguatge no sexista, em sembla interessant analitzar els textos d'estudiants que seran mestres en un futur pròxim per veure fins a quin punt hi incorporen l'ús del llenguatge de gènere. Després de sis cursos en aquesta facultat, la meva impressió general és que els alumnes el fan servir molt poc (algun alumne de tant en tant). Per tal de sistematitzar-ho una mica, he analitzat, d'una banda, una tasca de producció textual d'una classe de primer amb 34 alumnes (9 nois i 25 noies); de l'altra, el pla de treball de 15 estudiants de Treball de Final de Grau (TFG) (totes noies).

Entre els 34 alumnes de primer, tan sols tres persones (totes noies) fan algun desdoblament: *pares i mares* (2 cops), *fills i filles* (2), *nens i nenes* (1), *monitors i monitores* (1), *els i les adolescents* (1). Cap de les tres en fa un ús consistent, és a dir, no desdoblen sistemàticament un mateix terme; tampoc desdoblen en tots els casos en què caldria fer-ho. També hi trobem el terme *ciutadania* dues vegades (ús del col·lectiu) i molt sovint el terme *infants* (invariable). Trobem sense desdoblar en diversos textos: *nens*, *professors*, *alumnes*, *companys*, *amics*, *pares*, *fills*, etc.

De les 15 alumnes de TFG, cinc fan servir alguna estratègia del llenguatge no sexista: desdoblaments i ús de col·lectius.

Els termes desdoblats són *nens i nenes* (9), *tutors i tutores* (1), *els i les mestres* (1), *els i les alumnes* (1). Els col·lectius són *alumnat* (8) i *professorat* (3). També trobem repetidament el terme *infants*. El terme *nens* ja no apareix mai sense desdoblar, però sí que hi trobem sense desdoblar *mestres, docents, alumnes, pares*, etc.

Tot i que les dades analitzades són molt reduïdes per poder-ne extreure conclusions generalitzables, mostren un seguit d'aspectes interessants. D'entrada, els alumnes de primer, nascuts cap al 2003, després de tota la seva trajectòria escolar a primària i secundària, majoritàriament no tenen gens interioritzat el llenguatge amb perspectiva de gènere. Es tracta d'una situació general? Els alumnes que acaben l'ensenyament secundari arreu del país en fan un ús tan limitat? Si fos així, potser caldria assumir que no s'ha aconseguit implantar de manera general, ni tan sols entre les noves generacions.

Els alumnes de quart, el darrer any del grau, tot just empren una mica més les normes d'aquest tipus de llenguatge. L'escola n'ha estat un dels àmbits estrella, però no sembla que sigui un element gaire important a la Facultat d'Educació. És a la pràctica professional que els mestres desenvolupen les anomenades estratègies de visibilització? O potser és que l'ús del llenguatge no sexista esta minvant dins el col·lectiu?

Quan es fa servir alguna estratègia, com hem vist, trobem bàsicament desdoblaments, emprats de manera inconsistent, i col·lectius; mai el femení genèric (amb el terme *persona* elidit). En recuperar la referència es veu què hi ha sota aquesta capa cosmètica (*els i les alumnes, els quals mostren un domini...*; *ajudar l'alumnat a expressar-se, ja que moltes vegades els resulta difícil...*). Hi ha la intuïció dels parlants, la preeminència del masculí genèric, intacta.

En canvi, la tria de termes que s'adapten podria tenir efectes inesperats. Com hem vist, tots els termes tenen a veure amb el món educatiu o familiar (per contaminació, diria): *nens i nenes* (l'estrella dels desdoblaments), *tutors i tutores*, *els i les mestres*, *els i les alumnes*, *monitors i monitores*, *els i les adolescents*, *pares i mares*, *fills i filles*. Només *ciutadania* se n'escapa (molt freqüent en el discurs polític). Potser sí que es visibilitzen les persones de gènere femení en l'àmbit escolar i familiar: com a alumnes i com a mestres, un ofici on encara hi predominen les dones de manera abassegadora; com a filles i com a mares, quan són les dones les que continuen encarregant-se majoritàriament de les criatures i de les cures en general. Però, més enllà, si no es desdoblen termes com *polítics*, *científics*, *autors*, *empresaris*, *creadors de contingut*..., no podem estar enviant a les nenes un missatge enverinat?

LA UNIVERSITAT

22 Navegar en el «llenguatge inclusiu» institucional: una mirada crítica des de l'antropologia lingüística

Maria Sabaté-Dalmau

Professora agregada de la Universitat de Lleida i secretària de la SOCS
maria.sabate@udl.cat; @DalmauSabate; @UdLCLA; @SOCS_IEC

En aquesta reflexió abordo el debat sobre si hem de fer ús del llenguatge inclusiu a la universitat. Em centro en l'androcentrisme, la idea que l'home és el melic del món, en un règim patriarcal que invisibilitza i menysté les dones.

Parteixo de l'antropologia lingüística, que analitza el panorama sociopolític en què interpretem com fem servir la llengua, i que entén que el que decidim dir o no dir és font de poder i domini. Aquesta disciplina veu les pràctiques lingüístiques com un reflex de l'exclusió social viscuda que revela com ens posicionem davant d'aquesta exclusió.

El llenguatge inclusiu es gesta a les altes esferes universitàries, amb òrgans de govern masculinitzats que dicten polítiques quant a gènere usant discursos de «justícia» políticament correcta, abanderant-se de la igualtat amb manuals d'inclusió presentats com a dogma.

Així, ens trobem debatent-nos sobre com hem de parlar en clau de gènere, si comprant el llenguatge institucional que no combat les arrels del patriarcat, o si engegant-lo i fent-nos nosaltres la revolució feminista, empoderant-nos amb un llenguatge inclusiu *propi*. Jo opto per aquesta segona opció.

Quant al context sociopolític, tenim polítiques que redrecen el fet que les dones ocupen menys posicions de poder, més tard i més temporalment en l'àmbit acadèmic. Aquestes polítiques, però, s'executen perquè la institució «està obligada per mandats legislatius a elaborar [...] un pla d'igualtat», amb «mesures pal·liatives» que «visibilitzen compromisos amb la igualtat d'oportunitats». Així, ens usen com a xifres de «paritat» a les vitrines universitàries mentre el que volem són «cures» reals (no analgèsics) com ara la conciliació laboral.

També hem introduït la competència «perspectiva de gènere», amb resultats d'aprenentatge com «fa una anàlisi crítica dels estereotips». Però ja usàvem l'anunci misogin del perfum que «torna les noies marranes» a classe. La diferència és que ara aquesta competència la redactem per a la institució, que es penja la medalla de la batalla antipatriarcal lliurada a les aules.

Quant a l'ús del llenguatge inclusiu, ens demanen, per exemple, que usem «l'adreça» per referir-nos al director del departament. Ho rebutgem perquè adoptant aquest vocabulari ens sentim com si ens fessin fer classe amb un vestit entrat amb calçador. Ens proposen també l'ús d'«alumnat» i «professorat», que incorporem perquè és un vestit del nostre armari lingüístic que no és ridícul, i perquè així esquivem «alumnes», que llegim en masculí. I incorporem desdoblaments com «benvolgudes, benvolguts» o femenins genèrics com «benvolgudes» per ventilar l'aula de tuf masclista.

Proposem, doncs, abordar el llenguatge inclusiu fent dialogar arguments lingüístics i arguments sociopolítics. Els primers mostren que invencions com «adreça» són contraproduents. També mostren que la coincidència del masculí i el neutre no fan recomanable ni el femení «benvolguda» ni el farragós «benvolguts, benvolgudes». Els arguments sociopolítics, però, assenyalen que cal evitar neutres com «alumnes» perquè reforcen referents masculins. I ens diuen que els desdoblaments o els femenins «benvolgudes» són *legítims* dins d'una institució on hi ha revulsius però *no* revolucions antipatriarcals.

La postergació de les dones no se soluciona només amb el llenguatge inclusiu des de dalt. Tampoc podem vindicar els usos no marcats del masculí/neutre davant la desigualtat flagrant. Ens hem d'empoderar apropiant-nos la part d'aquest llenguatge necessària per ser foc que no es consum, mentre se segueixi fent el joc a l'exclusió en aquest àmbit educatiu.

23 Cal despertar consciències, la llengua ja ens ofereix la solució

Mariona Sabaté-Carrové

Professora del Departament d'Anglès
i Lingüística de la Universitat de Lleida
mariona.sabate@udl.cat;
www.dal.udl.cat/ca/personal-docent/
personal-docent-i-investigador/
mariona-sabate/#sections-tab-1

Entre les meves primeres experiències de presa de consciència de diferències clares en l'ús de llenguatge inclusiu i el reconeixement del gènere destacaria, inicialment, les que vaig viure mentre aprenia la llengua/cultura/societat anglesa i anglòfona i, posteriorment, mentre traduïa des de l'anglès. M'adonava i patia el, sovint tossut, desdoblament *his/her*, *him/her* en la traducció dels textos, que m'esmerçava per respectar i transmetre fidelment i respectuosa. He de dir que, paral·lelament, i sortosament, l'anglès ja proposa una solució més genèrica i unisex a aquest enutjós i redundant desdoblament, amb la possibilitat de transformar l'expressió a segona persona del singular/plural *you*, primera del plural *we* o, millor encara tercera del plural *they*. També pel que fa les professions, l'anglès té la «solució» més neutra a formes clarament diferenciades pel gènere. Així, *spokesperson*, *flight attendant* o *supervisor*, per exemple, es proposen com les formes més «políticament (socialment) correctes», en comptes de les més, diguem-ne, sexistes (o *gender-marked*) *spokesman/spokeswoman*, *steward/stewardess* i *foreman*. Tot un exemple de neutralitat.

En la societat britànica, la qüestió del gènere en la llengua reflecteix una inquietud i una preocupació que va materialitzar-se en forma de llei amb la Sex Discrimination Act de l'any 1975 i es va consolidar amb la constitució de la Equality and Human Rights Commission (EHRC) com una institució responsable de promoure i garantir lleis no discriminatòries a Anglaterra, Escòcia i el País de Gal·les. I les meves insistents referències al model britànic venen justificades perquè voldria situar-lo com a contrapunt a la realitat del català, on si bé el tripartit va promoure les «lleis de llengua no sexista», no va ser fins a l'any 2006[1] que la qüestió d'igualtat entre homes i dones va començar a prendre forma de Llei. *Res non verba*, entenent lleis com a fets.

Els canvis en la llengua són un mirall de canvis de tendències socials, polítiques i econòmiques. Ara sembla que, tot d'una, a Catalunya ens hem despertat i hem aterrat en una realitat en la qual anem, a la desesperada, cercant solucions al nostre paradigma lingüístic del gènere. El castellà també està instal·lat en aquesta tessitura i presenta una rècula interminable de, diguem-ne, innovacions creatives, com poden ser el desdoblament, la *x*, la @, fins que s'arribi a la solució proposada per la institució de torn.

Les recomanacions de la nostrada Generalitat han quallat en propostes com la *Guia d'usos no sexistes de la llengua en els textos de l'Administració*, document descriptiu de fórmules d'ús adequat de la llengua, que procura acontentar tothom (per cert, forma no sexista) perquè, si bé reaprofita, amb força encert en la meva opinió, fórmules no marcades que *ja existeixen* en la nostra llengua com «jovent», «progenitors»,

1. Ley General para la Igualdad entre Mujeres y Hombres (2006), Ley General de Acceso de las Mujeres a una Vida Libre de Violencia (febrero de 2007), Reglamento de la Ley General de Acceso de las Mujeres a una Vida Libre de Violencia (marzo de 2008), Ley para Prevenir y Sancionar la Trata de Personas (noviembre de 2007).

«clientela», així com formes genèriques i despersonalitzades (com «persona», de les quals caldria no abusar-ne, això sí), recull com a acceptable també l'ús de formes dobles «funcionari encarregat o funcionària encarregada» que, al meu parer, són discriminatòries i perpetuen el patriarcat en promoure el model binari home/dona. A veure, si hem de canviar el patriarcat, fem-ho bé i promoguem la inclusió de tothom.

Opino que la llengua catalana disposa de suficients recursos per fer front al paradigma de reconeixement de diversitat de gènere actual. Més aviat veig que el problema real no és tant la llengua i les seves possibilitats sinó més aviat l'ús que en fem. El problema no és el fet que una llengua sigui, intrínsecament, de gènere gramatical, com el català, o de gènere neutral, com l'anglès, o sense gènere, com el xinès, sinó més aviat com i en quins àmbits emprem les diferents formes que el català té al seu abast.

Jo penso que la llengua no és, en si mateixa, sexista o discriminatòria, ni racista ni xenòfoba, sinó que defineix i retrata la persona que la utilitza. I si la visió del món d'aquesta persona/text inclou la diversitat i la inclusió, s'emprarà un llenguatge que respecti la diversitat i la inclusió. Per mi, utilitzar, per exemple, «ell/ella» no et fa més o menys inclusiu, quan pots utilitzar, posem, «tothom». La llengua està disponible per ser usada i són els seus parlants els que fan la tria d'entre un ventall de combinacions. La tria la fa sempre el parlant.

24 Al mig com el dijous

Marta Juncadella Fortuny
Responsable d'Assessorament Lingüístic i Terminologia als Serveis Lingüístics de la Universitat de Barcelona
mjuncadella@ub.edu; @llenguaUB

El dia 6 d'abril de 2021, la Universitat de Barcelona va fer públic el nomenament de la seva nova gerenta.

Coincidint més o menys en el temps, l'Institut d'Estudis Catalans també va nomenar gerenta una dona i aquesta, segons explicà el membre de la Secció Filològica Màrius Serra a l'article «De la "fabricanta" a la "gerenta"»[1] a *La Vanguardia* del 23 de febrer de 2021, va demanar que al contracte hi figurés aquesta forma en lloc de *gerent*. De resultes d'això, el DIEC va incorporar de seguida la forma femenina *gerenta*.[2]

Aprofitant el nomenament de la gerenta de la UB, els Serveis Lingüístics vam publicar al nostre compte de Twitter una piulada[3] per difondre la nova forma normativa, en la qual dèiem: «Cal dir *gerenta*, de la mateixa manera que diem *presidenta*. La forma *gerent* s'havia tractat com a invariable perquè en femení no tenia tradició, però ja s'ha normalitzat per visibilitzar les dones que ocupen aquest càrrec».

Aquesta piulada ha tingut respostes enceses (ja sabem que Twitter és un lloc ple de passions) en contra d'aquesta forma flexionada. Alguns dels comentaris incorporen bons

1. Disponible a: <https://www.lavanguardia.com/encatala/20210223/6258010/fabricanta-gerenta.html>.

2. Disponible a: <https://dlc.iec.cat/Results?EntradaText=gerent&OperEntrada=0>.

3. Disponible a: <https://twitter.com/llenguaUB/status/1381555192752128002>.

arguments filològics, d'altres s'oposen a aquesta tendència de voler visibilitzar les dones en els noms dels càrrecs. Finalment, n'hi ha que només són insults, com sol passar en les qüestions conflictives dirimides en aquesta xarxa social. És curiós, però, que aquesta vegada no hi hagi hagut cap felicitació per part dels defensors de la visibilització.

Tanmateix us puc explicar una altra anècdota que és tot el contrari. La darrera vegada que es va corregir l'Estatut de la UB (2003), la correcció es va haver de repetir perquè els sindicats d'estudiants no volien votar-hi a favor si els càrrecs que hi sortien no hi apareixien amb les formes dobles. Amb aquesta realitat, doncs, es va fer jurisprudència i a partir d'aleshores totes les normatives s'han redactat així.

Els assessors que treballem en l'àmbit de l'administració pública (on evidentment incloc les universitats) ens sentim, doncs, «al mig com el dijous». Sí, al mig entre els que pensen que el llenguatge no sexista és una bestiesa que estrafà els usos de la llengua i que la societat s'ha de canviar d'una altra manera (pensament en què alguns dels assessors podem estar-hi més o menys d'acord personalment) i els que pensen que el llenguatge inclusiu i no sexista és necessari per canviar la societat i visibilitzar les dones (pensament molt present en els òrgans de govern universitaris). La nostra posició com a professionals, doncs, ha de ser la de mirar de guardar un equilibri que ens permeti nedar entre aquestes dues aigües.

És per això que, després de la publicació de l'*Acord sobre l'ús no sexista de la llengua*[4] (2010), promogut pel GELA, els serveis lingüístics de les universitats catalanes, sota el paraigua de la Xarxa Vives d'Universitats, vam elaborar uns *Criteris*

4. Disponible a: <http://www.gela.cat/Document.pdf>.

multilingües per a la redacció de textos igualitaris,[5] amb l'objectiu de fer visibles les dones en els textos institucionals sense trair el funcionament genuí de la llengua, cosa que implica reflexionar sobre els límits d'aplicació dels diversos criteris.

5. Disponible a: <https://www.vives.org/book/criteris-multilingues-per-a-redaccio-textos-igualitaris/>.

25 Una qüestió de fe

Carla Ferrerós Pagès

Que la gramàtica no és masclista ja ho han demostrat molts investigadors en l'àmbit de la lingüística. Tot i així, les institucions s'han adherit al moviment «visibilitzador» i l'han imposat, fins que la idea que ho és, de masclista, repetida com un dogma sense arguments científics, s'ha anat estenent i s'ha acabat considerant l'anomenat «ús no sexista de la llengua» indestriable del fet de ser d'esquerres. Ara totes les institucions hi dediquen un capítol del seu manual d'estil (més per allò d'aparentar que de ser), malgrat els problemes que suposa l'associació ja ben discutida de gènere i sexe. Ho il·lustro amb alguns exemples del de la universitat on treballo.

D'una banda, «l'ús no sexista de la llengua» és discriminatori. Del manual que dèiem, ho mostren exemples com els següents: es recomana als usuaris de fer servir la forma masculina o femenina d'acord amb el sexe de la persona a qui es faci referència. I, doncs, les persones que no tenen una autopercepció de si mateixes com a home o com a dona? I, més endavant, es contradiu amb les excepcions i recomana limitar l'ús de la paraula *persona*, entre altres raons, quan genera un enunciat sense sentit comú: aconsella fer servir *dona embarassada* en lloc de *persona embarassada* i ens du a discriminar les persones embarassades que no són dones.

D'altra banda algunes inconsistències lingüístiques mostren que les institucions ignoren el funcionament de la gramàtica i l'acaben utilitzant de pantalla d'accions no dutes a terme. I ignorar, a aquestes alçades, no es refereix a l'accepció «no saber» sinó a «no tenir en compte». Així, per exemple, tot i que la forma *gerenta* no és normativa, se'n recomana l'ús per visibilitzar les dones que ocupen aquest càrrec. No convindria més que hi hagués més gerents (dones) i no caldria el *gerenta* (mot)? També aconsella l'ús d'etiquetes referides indiferentment a homes i dones com *infant* en lloc de *nen*, i no sé per què *infant* (masculí) és menys masculí que *nen* per referir-se a persones indeterminades. En aquests casos, recomana usar paraules sense marca de gènere com *estudiant* o *agent,* que no sé si quan etiqueten persones determinades s'han de flexionar a *agentes*, com *gerentes. Estudiantes*, que a diferència de *gerenta* és normativa, aconsella no usar-la.

I hem arribat al punt en què cap argument científic deriva a un canvi d'opinió. I això du, finalment, al desprestigi dels professionals que, si fan feina per a una institució, es veuen abocats a treballar com saben que no ho han de fer i, si no treballen per a una institució, s'han d'explicar una i altra vegada a risc de passar per masclistes. Us imagineu una situació semblant amb altres disciplines? Us imagineu discutir la feina a un enginyer de ponts, a un programador, a un controlador de plagues o a un cirurgià? La llengua no és masclista, tot i que alguns usuaris sí i d'altres volen fer veure que no ho són. Hem creat necessitats allà on no hi eren, i pel camí hem desprestigiat els professionals de la llengua que, malgrat tenir, aquests sí, coneixements gramaticals, es troben lluitant sols contra una fe.

26 Seguir les guies d'estil o regir-se per la gramaticalitat?

Elga Cremades Cortiella

Universitat de les Illes Balears
elga.cremades@uib.cat

Fa molt temps que institucions de tots colors publiquen guies, recomanacions i manuals per afavorir l'anomenat *llenguatge inclusiu* i aconseguir una llengua en què d'una banda es visibilitzin les dones i de l'altra s'eviti la discriminació per raons d'orientació sexual o de gènere.

Aquestes publicacions haurien de ser útils per veure quins dels usos lingüístics que fem són realment discriminatoris i com podem construir discursos més inclusius. El cas és, però, que moltes confonen la necessitat de construir una societat més igualitària amb la introducció de canvis lingüístics que sovint contravenen la intuïció dels parlants i barregen de manera acrítica dues accepcions del terme *gènere*: la corresponent al sexe dels individus segons els rols i les funcions que tenen a la societat, per una part, i la que correspon a una categoria gramatical que serveix per classificar morfològicament els substantius, per l'altra.

Com que, encara que en la major part de substantius el gènere no té a veure amb cap tret físic ni cultural associat, sí que hi ha certa correspondència entre les dues definicions de *gènere* en alguns éssers animats (bàsicament humans i bona part dels animals domèstics), els autors d'algunes d'aquestes guies han confós l'ús del masculí genèric amb el masclisme estructural de la nostra societat. No tenen en compte, però, que no totes les llengües disposen de gènere o que la correspondència de què parlàvem no es produeix sempre en les llengües que sí que en tenen (per exemple, la paraula *noia* és de gènere neutre en alemany, *das Mädchen*, o pot ser-ho en txec, en què trobem *děvče* —un mot neutre— al costat de *holka* o *dívka* —mots femenins), i que no per això les comunitats en què es parlen aquestes llengües són menys masclistes.

Així, al costat de manuals amb recomanacions molt útils pel que fa a la representació de les dones en els textos escolars, en l'àmbit laboral o als mitjans de comunicació, hi ha llibres d'estil amb propostes que podríem qualificar, gairebé, d'absurdes i que poden fins i tot generar inseguretat lingüística (m'ho he trobat sovint en escrits d'estudiants d'Educació Primària, però això ja mereixeria un capítol a part). És el cas, per exemple, d'una de les primeres guies que apareix al web de la Universitat de les Illes Balears, titulada *Llenguatge per la igualtat: guia general.*[1] Aquesta guia, que tant docents com estudiants poden agafar com a model de referència perquè és la primera que trobem al web que la UIB dedica a aquesta qüestió, gairebé passa per alt que el masculí és la forma no marcada en català (igual que el present és no marcat respecte als altres temps verbals o el singular és la forma no marcada en relació amb el plural). Afirma, per exemple, que, si un mestre diu que *tots els nens han de sortir,* les nenes no se sentiran interpel·lades per l'ordre, o que el masculí té una forma «aleatòria i confusa» de referir-se «a un o a dos col·lectius». De fet, s'hi arriba a dir, en relació amb la concordança dels adjectius, que «[a]llò correcte és aconseguir la concordança amb el darrer article o substantiu», cosa

1. Institut Balear de la Dona (s.d.). *Llenguatge per la igualtat: guia general* [recurs en línia]. Disponible a: <https://bit.ly/3ux31tP> (Consulta: 31 de maig de 2021).

que no és certa[2] i que de fet podria conduir-nos a produir frases com *Els mallorquins i les mallorquines vacunades podran entrar a l'illa sense el test d'antígens* (la interpretació de la qual és, probablement, molt més discriminatòria que la que obtindríem de la frase *Els mallorquins i les mallorquines vacunats podran entrar a l'illa sense el test d'antígens*).

És necessari, doncs, tenir guies que ens ajudin a utilitzar un llenguatge no discriminatori? Probablement sí, sobretot si tenim en compte que vivim en una comunitat dominada, socialment, per una tradició heteropatriarcal. Cal, però, que aquestes guies, a més de contribuir a la visibilització dels col·lectius tradicionalment minoritzats, vetllin per les formes genuïnes i, sobretot, entenguin i respectin el ritme dels processos de canvi lingüístic.

2. L'adjectiu concorda amb el primer substantiu si va davant (*Va fer una bona aportació i comentari*) però concorda en masculí genèric si va darrere (*Tant l'aportació com el comentari que va fer van ser molt bons*), tal com s'explica a la Fitxa 6737/2 de l'Optimot, per exemple.

27 El parany del pretès llenguatge inclusiu

Montserrat Camps Gaset

Professora de la Universitat de Barcelona
mcamps@ub.edu

Que el desdoblament és una nosa a l'hora de redactar un text coherent i intel·ligible ja és prou sabut. Ara bé, potser hi ha qui està disposat a acceptar l'encarcarament d'un text o d'un discurs oral si ha de beneficiar la igualtat entre les persones. Però, segur que la beneficia?

La mania del desdoblament considerat com a visibilització de les dones, i per tant inclusió, té conseqüències perverses en entorns polítics i de gestió. No solament perquè enfarfega i és excloent (ja que si en algun moment no es desdobla, per omissió, el masculí sí que esdevé terme marcat), sinó perquè pot ser utilitzat com a arma política al servei d'interessos molt poc igualitaris.

Fa més de vint anys, vaig rebre, d'una figura política prominent d'esquerres, el consell d'utilitzar termes col·lectius (com *professorat* o *estudiantat*) per tal d'evitar el masculí genèric, perquè el problema del llenguatge podia rebentar tota una proposta progressista. És possible que llavors fos així. El que sí que he comprovat, a través de l'experiència personal, és que el desdoblament de gèneres gramaticals pot ser una arma de distracció en mans d'immobilistes.

Si hom presenta un reglament, un decret o una normativa a un grup que l'ha d'aprovar, és possible distreure l'atenció del grup centrant-la sobretot en les qüestions de llenguatge i consumint les energies en discussions estèrils, en lloc d'intervenir en el fons del document, que realment pot afectar les situacions d'igualtat o més aviat de manca d'igualtat. En una proposta de reforma de l'Estatut de la Universitat de Barcelona (que no es va acabar) hi havia molts temes espinosos, sobre participació dels col·lectius, reestructuració d'òrgans, funcions i atribucions, etc. No era una reforma de tràmit, sinó de fons. El text de la ponència havia mantingut el masculí genèric arreu. Es van presentar un munt d'esmenes, entre les quals la que demanava el desdoblament de gènere gramatical arreu.

Aquesta fou la primera esmena que es presentà a debat, amb l'excusa que afectava tot el document (i que podia haver estat perfectament l'última, com a qüestió formal de redacció). Hi hagué llargues discussions a favor del desdoblament i en contra, amb raons lingüístiques i amb la reticència (aparent) del ponent a canviar-ho. Tothom estava fresc i amb ganes de discutir. El debat s'allargà i acabà en una votació. El desdoblament guanyà àmpliament i una sensació de satisfacció omplí els participants. Era una victòria sobre el que es considerava una injustícia, per tant, l'atenció es va desinflar. En grupets i rengles es comentava la satisfacció del guany. No es va aprovar cap més esmena, per raonada i fonamentada que fos i per molt que el text anés en contra d'interessos col·lectius. He observat el mateix procediment en altres circumstàncies, amb idèntic resultat. Com a maniobra de distracció, centrar la discussió en el desdoblament en un text és una bona manera de donar peixet al públic amb una falsa victòria i de fer passar bou per bèstia grossa.

I aquesta mateixa distracció funciona també com a coartada per a aquells que, conscientment o no, discriminen les dones en un context professional. En una comissió universitària, el qui la presidia va començar amb un continu «tots i totes», etc. No es va oblidar de desdoblar mai, fins i tot si quedava forçada la frase. En canvi, en adreçar-se als membres de la comissió, tots professors universitaris, anomenava amb el títol de Doctor i cognom els homes i amb el nom de pila les dones, fins i tot amb algun hipocorístic. I tothom tan tranquil i satisfet.

O en un acte acadèmic amb nombroses autoritats, un prohom (que desdoblava amb cura) donà tractaments de protocol a tots els membres de la mesa, amb aquell enfarfegat «il·lustríssim» o «excel·lentíssim senyor» que ja ha desaparegut de la llei. En arribar a l'única dona, la saludà amb un escarransit «senyora degana» (els degans tenien tractament d'il·lustríssims). Dit de passada, el protocol encarcarat és una de les millors maneres de respectar o d'humiliar una persona, com sabem els catalans des de Carles III.

El llenguatge pot ser inclusiu o discriminatori, però no ho és a partir del gènere gramatical, sinó del context, de l'ús i del sistema de signes que es faci servir. La resta és l'adaptació del virus resistent del masclisme.

28 Llenguatge no sexista a la universitat catalana

Ester Baiget i Bonany

Professora col·laboradora permanent del Departament d'Anglès i Lingüística de la Universitat de Lleida
ester.baiget@udl.cat; @EsterBaiget

En els darrers anys, en l'entorn universitari hi ha hagut molt d'interès per emprar un llenguatge inclusiu i igualitari i és per això que les universitats catalanes han inclòs recomanacions per a un ús no sexista del llenguatge en els seus llibres d'estil. A la Universitat de Lleida, on jo treballo, no disposem d'un llibre d'estil, però des del Servei Lingüístic ens recomanen seguir els *Criteris multilingües per a la redacció de textos igualitaris*, una guia elaborada pel Grup de Treball de Qualitat Lingüística de la Xarxa Vives d'Universitats, que conté una sèrie d'estratègies i recursos multilingües «que permeten una visibilització equitativa entre homes i dones». El seu destinatari és tota la comunitat universitària, incloent-hi tant el personal docent i investigador com el personal d'administració i serveis i l'alumnat.

La guia està estructurada en quatre seccions: la primera està dedicada als casos en què ens referim a una persona determinada o persones determinades; la segona recull els recursos disponibles quan ens referim a una persona indeterminada, que pot ser tant una dona com un home; la tercera mostra els recursos que podem emprar quan ens referim a un conjunt de persones indeterminades, que pot incloure homes i dones. En cadascuna d'aquestes tres primeres parts es presenten els recursos adequats per a cada cas, acompanyats d'exemples. Hi ha també una quarta part on podem trobar consideracions i recomanacions sobre aspectes com els tractaments i l'ús dels noms i cognoms de manera simètrica. La guia es clou amb tres annexos: un annex de mots i expressions alternatives a l'ús del masculí com a genèric; un annex que conté els diferents tipus de documents amb les diverses estratègies proposades, i, finalment, un annex dels límits que afecten cadascun dels recursos proposats.

Personalment, penso que per tal d'adaptar la llengua a les necessitats dels nostres temps cal fer servir les normes dels llibres d'estil i les guies d'ús amb seny i no pas aplicar-les de forma inflexible. Cal tenir en compte els condicionants particulars de cada text i l'audiència a què va adreçat. Per això, em sembla que en el nostre àmbit és encertat d'emprar recursos com els que detallo tot seguit, que no sempre trobem a les recomanacions dels llibres d'estil:

- El masculí plural amb valor genèric («els professors», «els estudiants») i deixar mots com ara «professorat», «estudiantat», etc. per a quan realment es parla de tot el col·lectiu.
- La forma «estudiant», tant per al masculí com per al femení, tal i com les alumnes de diverses universitats han demanat explícitament.
- Evitar els desdoblaments en masculí i femení. A vegades el desdoblament pot ser interessant per matisar i per donar èmfasi, per exemple «tothom, homes i dones, ha de tenir accés a la sanitat pública». Tanmateix, cal ser conscients que les formes dobles comporten una ideologia determinada (el binarisme de gènere) i que no necessàriament contribueixen a donar visibilitat a les dones en el discurs. Ans al contrari, els desdoblaments poden servir per marcar les dones i contribuir a marginalitzar

intersexuals, persones transgènere i queers. Finalment, cal dir també que el desdoblament és un recurs que va en contra del principi d'economia lingüística, ja que allarga el text i sovint en dificulta la lectura fluida.

LA TRADUCCIÓ I LA CORRECCIÓ

29 No ens salvarà la gramàtica

Dolors Udina

udina.dolors@gmail.com

Recordo la sorpresa (i la perplexitat) de trobar-me, fa poc més de vint anys, un text sobre medicina hospitalària escrit als Estats Units que alternava inopinadament el femení i el masculí per explicar un treball d'investigació sobre una malaltia concreta. D'entrada posava cada vegada *he/she* (o *she/he*) quan parlava dels autors de la investigació i al llarg de l'article anava alternant el *he* i el *she* sense cap mena de problema. No ho havia vist mai, em semblava totalment desconcertant i, òbviament, havia de replicar aquella ocurrència en la traducció. En anglès l'únic detall era el pronom personal, l'ell o l'ella, i aquella peculiaritat no afectava la resta del text, però a l'hora de traduir-ho els adjectius havien de concordar amb el masculí o el femení del subjecte, cosa que convertia el text en un galimaties difícil de seguir. Aquí vaig començar a prendre consciència de la qüestió del gènere gramatical en la traducció.

Quan traduïm, encara que no sigui literatura, hem de ser fidels a l'original, sovint en detriment de la comprensió. En aquest cas, es tractava d'un «paper» mèdic i, tot i que s'havia de respectar la manera d'escriure de l'autor, era més important la comprensió que no pas seguir l'estil fil per randa. Forma part de la feina del traductor calibrar fins a quin punt pot forçar la gramàtica per ser més fidel a l'original.

Quan es tracta de literatura, les decisions són més complicades, perquè, més que fidel, el traductor ha d'establir una conversa amb el text, un estira-i-arronsa en què l'escriptor i el lector hipotètic també són interlocutors. Hi ha una autora, icona del feminisme, que concedeix al traductor (la traductora, de fet, donades les circumstàncies) que creu en la manipulació de la gramàtica com a estratègia per canviar el món, la possibilitat de marcar el gènere femení, que no està marcat a l'original, quan tradueix a llengües llatines. Penso concretament en una traducció al castellà d'*A Room of One's Own*, que en el pròleg afirma: «he fet servir el gènere gramatical femení quan Virginia Woolf parla en primera persona o d'ella mateixa («una pensa», per exemple) [...] prescindint del lleig costum de reduir el que és femení al masculí...». Unes pàgines després, però, ja en el text propi de VW, quan parla de les dificultats que troba a l'hora d'escriure *Les ones*, diu, «escric variacions de cada frase, temptatives fallides; possibilitats; fins que el meu quadern és com el somni *d'un llunàtic*». No hauria de ser *una llunàtica*, seguint el criteri marcat? És molt difícil no farcir un text d'incongruències quan es vol incidir en la gramàtica.

Més eficient pot ser la intervenció d'una traductora amb consciència de gènere en l'elecció de les paraules, com quan Emily Wilson, que fa pocs anys va traduir l'*Odissea* a l'anglès, amb una mirada crítica de la lectura tradicional dels traductors (homes) anteriors canvia l'epítet de «prostitutes», aplicat habitualment a les esclaves que dormien amb els pretendents de Penèlope, per un «noies» més fidel al text original i molt menys connotat. Aquest és només un dels molts exemples que proporciona aquesta traducció per demostrar que es pot influir categòricament i en femení en un text sense haver de capgirar la gramàtica. Manipular el gènere gramatical no és el que ens salvarà.

30 Els maldecaps dels desdoblaments

Anna Tudela

Professora visitant del Departament de Lingüística General de la Universitat Autònoma de Madrid. Sociolingüista, traductora i correctora
@AnnaTu

Pot ser que en parlar de llenguatge inclusiu hàgiu pensat en els desdoblaments; és a dir, parlar dels ciutadans i les ciutadanes. I és que són una de les formes més esteses que relacionem amb el llenguatge no sexista i s'han normalitzat a molts àmbits, com per exemple el polític o l'educatiu. Els desdoblaments, però, recarreguen el text i, a més, moltes vegades hi introdueixen errors o no solucionen altres problemes relacionats amb la visibilització de les dones. Quan faig de correctora, tot sovint em trobo amb qüestions d'aquest tipus i m'agradaria parlar-vos d'alguns casos concrets per poder-hi reflexionar.

Fa poc, vaig corregir un text que especificava que, precisament perquè els desdoblaments carreguen el text, havia optat per fer servir el masculí genèric en alguns casos, però que no ho faria sempre per oferir una visió de gènere del tema que tractava. En aquest cas, si al text s'alterna *professors i professores*, i *professors* amb el mateix significat, introduïm una ambigüitat: com podem saber quan aquest *professors* inclou les dones i quan no ho fa? A més, com que la llengua tendeix a l'eficiència per transmetre la informació, és força inevitable que, en algun moment o altre, ens oblidem de desdoblar. Pot ser, a més, que ens n'oblidem en contextos en què les dones no han estat presents tradicionalment i que fem referència, per exemple, a professors i professores, però només a directors de les escoles. D'aquesta manera, perpetuem estereotips de gènere, visibilitzant les dones com a professores i estudiants, però eliminant-les d'altres llocs on també som (i hem de ser): la direcció dels centres.

El segon exemple de què us vull parlar és un text en què es feien servir els desdoblaments i, per tant, qui l'havia escrit ho havia fet amb llenguatge inclusiu per assegurar que les dones hi apareguessin representades. En un moment determinat, el text presentava una sèrie de persones de referència, persones que destacaven en àmbits culturals, artístics, humanitaris, etc. Els exemples seleccionats eren cinc homes, un col·lectiu i zero dones. Això vol dir que no hi ha cap referent femení en aquests àmbits? No, el que hi ha és una clara falta de visibilització de les dones.

Tinc la sensació que associem el llenguatge no sexista amb el desdoblament i que en parlar de *professors i professores* tenim la sensació que ja incloem a tothom i, per tant, no ens cal plantejar altres problemes més greus de falta de representació de les dones. És més, gran part del debat sobre el llenguatge inclusiu se centra en aquestes fórmules lingüístiques (i en la meva opinió forçades) i no parem atenció a altres aspectes molt més rellevants. Cal una reflexió més complexa per assegurar-nos que les dones apareixem on ens toca aparèixer i que el llenguatge que usem no genera encara més desigualtats. Per mi, escriure (o parlar) de forma inclusiva és, precisament, cuidar aquests detalls. És assegurar que es garanteix a les dones l'espai que ens mereixem, no amb fórmules que entorpeixen el discurs, sinó fent-nos presents en els exemples i les referències, i assegurant-nos que no reproduïm estereotips de gènere.

31 La correcció de textos i els usos no sexistes

Eulàlia Salvat Golobardes

Professora associada del Departament de Filologia Catalana i Lingüística General de la UB. Tècnica lingüística dels SL-AA Blanquerna-URL. Correctora autònoma

Quan un corrector accepta una feina acostuma a demanar amb quins terminis compta i quins criteris ha de seguir. D'aquest segon aspecte no sempre n'obté una resposta, cosa que posa de manifest la poca importància que es dona a aquestes qüestions. Sovint, s'identifica la correcció únicament amb tot allò que té a veure amb la dualitat correcte/incorrecte i per això s'associa, quasi exclusivament, amb l'ortografia i la gramàtica normatives. Però la feina del corrector va més enllà i pot abastar tot un seguit d'intervencions que no es mouen en aquest eix i que poden tenir solucions diferents segons l'organisme. La realitat ens demostra que algunes institucions, públiques i privades, no s'han dedicat a definir amb profunditat aquests usos. L'anomenat *llenguatge no sexista* n'és un cas paradigmàtic.

Sense unes indicacions clares, un cop rebut el text, el primer que fa el corrector és fer-hi una mirada general per saber de quin tipus de text es tracta i per detectar els usos majoritaris que se suposa que haurà d'aplicar.

Les administracions redacten textos de característiques diverses, per exemple, guies i documents que tenen per objectiu explicar els serveis i les ajudes que posen a l'abast dels ciutadans. Per tant, esperaríem llegir uns textos entenedors en què el missatge quedi clar en una primera lectura, si és necessari.

Quant als recursos utilitzats, és cert que no tots els organismes rebutgen el masculí genèric però, en alguns casos, sembla que hi ha una voluntat clara d'evitar-lo. Per contra, el femení genèric tampoc és una opció, en aquesta mena de textos. Els recursos més habituals són els desdoblaments («mediador/a», «la ubicació del o la intèrpret» o «de la o l'intèrpret»), i la substitució del masculí genèric per la paraula *persona* seguida d'un adjectiu o sintagma que ens aclareix de quin col·lectiu es parla («persones assistents», «persones amb discapacitat», «persones usuàries de cadira de rodes», «persones nouvingudes», etc.), una solució que, per exemple, en un document de quaranta-vuit pàgines pot tenir més de tres-centes ocurrències. Aquests dos recursos potser són menys marcats que el femení genèric però densifiquen molt el missatge, que pot acabar sent difícil d'interpretar.

És molt revelador que, passades les primeres pàgines, les mateixes persones que han redactat el text deixen d'aplicar els criteris fixats perquè, de cop, comencen a aparèixer masculins genèrics o desdoblaments incomplets, és a dir, desdoblament en els articles i/o noms però ja no en els elements que els qualifiquen («els fills i/o filles aportats pel cònjuge supervivent»).

Tot això posa de manifest que, si s'acaba prescindint dels usos esmentats, potser és perquè utilitzar-los resulta poc natural i crea textos estranys i feixucs, inintel·ligibles. Potser, també, és perquè la llengua ja té una solució per a aquests usos; una solució que el parlant té ben interioritzada i que sap que funciona sense fissures.

Així doncs, potser convindria que aquestes institucions abordessin amb profunditat aquesta qüestió, veient-ne els límits lingüístics, explorant opcions diverses i superant, d'una vegada per totes, les intervencions cosmètiques, que acostumen a ser, sempre, de difícil aplicació.

32 Les protagonistes més valentes

Alba Milà

Correctora i professora associada de la Universitat de Barcelona
alba.mila@ub.edu

M'encanta corregir textos de literatura infantil i juvenil. No només per les il·lustracions fantàstiques que contenen, que sempre em deixen meravellada, sinó sobretot per la imaginació de les històries que narren. Últimament, però, em trobo que en aquests textos hi ha un comentari del qual no em puc estar, relacionat amb la necessitat de manifestar, explícitament i en cada moment, que els llibres estan dirigits a nens i nenes perquè els llegeixin amb els seus pares, mares, germans, germanes, avis, àvies, cosins, cosines, amics i amigues (i ja paro). En general, la gent amb qui treballo (editors, autors, traductors, altres correctors) és conscient dels problemes del desdoblament, però a vegades el mantenen per la preocupació generalitzada del què diran (si no l'apliquen).

Comparteixo del tot la necessitat indiscutible de lluitar contra la desigualtat de gènere, que es fa palesa en pràcticament totes les esferes de la nostra vida diària. Ara bé, difereixo de la necessitat de vehicular-la a través de l'anomenada inclusió lingüística, ja que això l'únic que fa és deformar la llengua sense aportar, en la majoria de casos, cap canvi significatiu. De fet, jo tinc ganes de clamar que aquesta desigualtat que volem vèncer ja comença a ser present en la literatura amb què treballo, però d'una manera molt més interna i determinant: la veig cada vegada que corregeixo històries en què les protagonistes són nenes valentes que diuen sempre el que pensen, que tenen mares amb feines de tot tipus i que no s'aturen davant de cap obstacle que se'ls interposi. De fet, el que més m'agrada veure és que s'ha arribat a un punt en què el sexe dels protagonistes és indiferent: tothom fa de tot i pot aconseguir tot el que es proposi.

I aquest canvi tan profund, en un nivell tan intern, és el que crec que ni tan sols s'ha començat a plantejar en esferes molt més adultes, que són les que més urgeix canviar i les que més es resisteixen a fer-ho. En aquestes esferes, les qüestions lingüístiques de gènere s'han convertit en una excusa que s'esgrimeix com a prova que s'hi està fent alguna cosa, en un escut que protegeix l'*status quo*. Una institució pot fer una campanya descomunal per incorporar propostes inclusives a tota la comunicació que emet, però què passa quan examinem la relació d'homes i dones en alguns departaments? Les empreses poden fer cursos de conscienciació lingüística per a tots els treballadors que tenen, però quantes dones hi ha en posicions de poder i quina diferència de sou hi ha entre un home i una dona que fan exactament la mateixa feina? Ens podem adreçar en tot moment a homes i dones per separat en discursos i discussions, però per què una dona que defensa les seves idees amb convicció és titllada d'agressiva o criticada per debatre amb un estil «massa masculí»?

La lluita contra les desigualtats de gènere és fonamental en la societat d'avui dia i hi hem de participar tots, però per aconseguir resultats de debò cal que anem molt més enllà de propostes lingüístiques que són bastant qüestionables. Ens hem de plantejar un canvi molt més profund, i per dur-lo a terme ja cal que aprenguem de les protagonistes dels llibres que corregeixo, perquè hi ha molta feina per fer.

33 La novaparla inclusiva

Marta Marfany
Universitat Pompeu Fabra
marta.marfany@upf.edu

Examen de traducció de l'espanyol al català, text original de Javier Marías: «Los chicos salen sin saber nada de inglés y aún menos de ciencias». Traducció d'una alumna: «Els nois i les noies surten sense saber gens d'anglès i encara menys de ciències». Li descompto un punt per error de traducció. No passa sovint, perquè la majoria d'estudiants saben què vol dir traduir, tenen sentit comú i veuen clar que aquí el desdoblament és un error greu.

De casos com aquest, però, n'hi ha cada vegada més. En un treball de traducció literària, un narrador omniscient neutral es va convertir, al llarg de vint-i-cinc pàgines, en «la narradora», amb un ús genèric —incorrecte, és clar— del femení. Llegir a classe el text «On Linguistic Aspects of Translation» (1959) de Roman Jakobson ja no és tan plàcid com fa uns anys: el comentari dels passatges sobre el nombre —singular, dual i plural— i el gènere —neutre, masculí i femení, amb allò tan bonic que el sol en alemany és femení, *die Sonne*, i, la lluna, masculí, *der Mond*— pot acabar en una discussió que té ben poca cosa a veure amb la llengua i la traducció. La «visibilitat de les dones», el «patriarcat», la «imposició del model heterosexual» i altres expressions fixades apareixen en un debat que hauria de centrar-se en les especificitats gramaticals de les llengües i en com afecten el procés de traducció.

La censura oficial ho impregna tot. La lletjor és pertot arreu: el «professorat», l'«alumnat», l'«estudiantat». Afecta el gènere, però també altres aspectes de la llengua: a classe un grup d'estudiants s'indigna que el «rei Baltasar» en català pugui dir-se també «el rei negre» —res a dir sobre «el rei blanc» i «el rei ros». Tots els textos ofenen algú, en qualsevol fragment és fàcil veure-hi un atac contra algun col·lectiu. Polítics i alts càrrecs universitaris —i de més baixos també— pressionen perquè la nova parla s'imposi: desdoblaments carregosos, nominalitzacions infectes, llenguatge buit, gris, neutre, que no ofengui ningú. Més encara: si poguessin intervindrien —si poden intervindran— en la bibliografia de les assignatures i en el contingut dels textos per traduir.

Encapçalar un correu amb un solitari «Benvolguts» o parlar de «professors» per referir-nos al col·lectiu ara són mostra d'un pensament masclista, criminal. Cal fer discursos feministes, és a dir, insubstancials, mal escrits, que salvaran les dones —i, de passada, tots els marginats del món— amb quatre paraules lletges i incorrectes.

Acabo amb una traducció: «No veus que l'objectiu principal de la novaparla és reduir l'abast del pensament? Al final aconseguirem que el crim de pensa sigui impossible, perquè no hi haurà paraules per a expressar-lo. [...] És simplement una qüestió de disciplina, de control de la realitat. Al final, però, ni això, caldrà. La revolució serà completa quan el llenguatge sigui perfecte» (George Orwell, *1984*).

34 Sobre *mignonnes* i homenots

Maria-Rosa Lloret

Secció de Lingüística Catalana. Departament de Filologia Catalana i Lingüística General. Universitat de Barcelona
mrosa.lloret@ub.edu

L'acadèmic nord-americà Douglas R. Hofstadter és autor del llibre *Le Ton beau de Marot. In Praise of the Music of Language* (1997). L'obra tracta sobre les dificultats de traduir poesia a través de l'exercici de traslladar del francès a l'anglès un sol poema (de 28 versos amb 3 síl·labes i accent final a cada vers) de Clément Marot (1496-1544). Destaca que un dels problemes que es planteja és que l'anglès, a diferència del francès, no té marques de gènere. En francès, el primer vers («Ma mignonne») indica clarament que el poema va adreçat a una dona; però una traducció literal («My cute», «My sweet») no pot recollir aquest aspecte. Una solució, proposa Hofstadter, és recórrer a tres paraules («My cute/sweet girl»); però així es trenca la força rítmica que té emprar dues paraules com en l'original, amb les implicacions que comporta per a la traducció de la resta de versos. Una altra possibilitat, continua dient, és usar «Sweet girl»; però aleshores es perd una síl·laba ('ma-mi-gnonne') i, per tant, això també condiciona el fraseig del poema. Considera la possibilitat de traduir-lo per «My girlie»; però ara l'accent recau en la segona síl·laba, amb noves conseqüències per al ritme global. Busca altres alternatives, sempre encaminades a aconseguir que el text anglès mostri, també des de l'inici, que el poema va adreçat a una dona. L'exercici li serveix per discutir quins són els aspectes principals que cal tenir en compte en una traducció, i basteix un assaig —molt recomanable— de més de 600 pàgines.

He triat aquest exemple per parlar de llengua i gènere per mostrar que les llengües són fruit d'una evolució històrica que les ha dut, en algun cas, a tenir marques de gènere gramatical, enteses com a classes formals nominals (tradicionalment anomenades «masculí» i «femení» en llengües com el català). El gènere gramatical pot tenir un correlat en els referents amb sexe biològic («mascle» i «femella»), que no sempre coincideix amb l'ús social del gènere («home» i «dona»). Per posar un exemple conegut, *homenot* és un substantiu gramaticalment «masculí», que fa referència a un «mascle» de l'espècie humana (amb coincidència entre gènere gramatical i sexe biològic) però també a una dona a la qual socialment s'atribueixen qualitats considerades pròpies dels «homes» («dona que mascleja» és la definició que dona el diccionari): en aquesta última accepció, el gènere gramatical no coincideix amb el sexe biològic, però ni la gramàtica ni la biologia no són responsables de l'ús social pejoratiu amb què s'usa el mot.

Les llengües no són sexistes. Els missatges que els parlants emetem i els usos que fem del llenguatge sí que poden ser-ho, per més que les disfressem —o no— amb marques supèrflues. En català, només els nominals femenins tenen regularment una terminació explícita que els distingeix (la vocal *-a* a, p. ex., *nena, plata*), ja que els masculins normalment no presenten cap marca flexiva que els identifiqui (*nen, or*). El masculí, que és la classe gramaticalment menys marcada, és també la forma que s'usa per referir-se conjuntament a elements masculins i femenins; és un «masculí inclusiu», que se'n diu. Quan els referents no tenen sexe, això no provoca cap suspicàcia (*or i plata massissos*). Ara bé, amb referents humans (perquè aquesta qüestió no afecta, de moment, els altres animals), la polèmica està servida, i no per la banda dels adjectius sinó per la dels substantius (i per les relacions de concordança que s'hi estableixen): *nens* pot incloure *nenes*, però *nenes* no inclou *nens*; ens agradi o no, el català, ara per ara, funciona gramaticalment així. L'ús de l'anomenat «femení inclusiu» per part d'uns determinats col·lectius és, a parer meu, un recurs efectista en la lluita pels drets de la dona; però no ens enganyem: en català, el gènere gramatical femení és específic, no inclusiu i, a més, formalment visible i marcat. Ara, si aquest recurs acaba sent efectiu, de ben segur que el subscriurem de bon grat.

35 Claus de l'ús actual del llenguatge inclusiu

Raquel Craviotto i Arnau

Lingüista

Avui dia, a les vicissituds pròpies de corregir i traduir, s'hi han afegit els malabarismes per aplicar un llenguatge com més inclusiu millor però sense malmetre el text. Compto que no hi ha cap professional de la llengua que estigui en desacord amb l'ús d'un llenguatge respectuós envers les persones, però tampoc no en conec cap que estigui a favor de l'aplicació que actualment s'està fent del llenguatge inclusiu des de molts àmbits, amb desdoblaments massius fins al punt de desdoblar mots invariables quant al gènere. Com hem arribat fins aquí? Sense ànim d'exhaustivitat, permeteu-me que, humilment, aporti tres claus que penso que poden ser rellevants: 1) la percepció general del genèric com a excloent, 2) les dificultats per conjugar l'ús inclusiu del llenguatge amb la llegibilitat del text i 3) l'ús del llenguatge inclusiu com a rentat lila (*purple washing*).

1) Malgrat que de cap manera es pot inferir que la gramàtica sigui excloent *per se*, el cert és que quan es correlacionen gènere i sexe sovint l'ús del masculí genèric és percebut com a excloent, encara que no faci referència a cap individu concret. I això és així per una confusió bastant generalitzada entre gènere gramatical i sexe en els casos relacionats amb éssers animats i per un desconeixement, també generalitzat, de l'estructura morfològica de les llengües romàniques. Una manera d'evitar aquesta confusió en els usuaris de la llengua és posar l'accent en

la neutralitat de la semàntica que es desprèn de la paraula més que no pas en la classificació gramatical.

Amb tot, aquesta percepció hi és. I no solament no desapareixerà, sinó que és molt probable que s'eixampli. Des d'aquest punt de vista, penso que és important conjugar l'ús d'un llenguatge respectuós i que no invisibilitzi les dones, d'una banda, però que no malmeti la llegibilitat dels textos, de l'altra. És a dir: no hi pot haver un bon ús del llenguatge inclusiu sense respectar la textualitat. Ara bé, aquesta conjugació, lluny de ser fàcil d'aplicar, és extremadament complexa.

2) Abans que res, cal tenir en compte que l'ús d'un llenguatge inclusiu no es pot entendre ni aplicar des d'un punt de vista absolut pel fet que s'ha de ponderar amb altres factors que determinen quines són les necessitats textuals de cada situació comunicativa. Així, a parer meu, l'ús del llenguatge inclusiu s'ha de tenir en consideració, però mai no hauria d'afectar el text en els aspectes comunicatius, semàntics o de llegibilitat. En aquest sentit, les propostes o solucions poden anar variant depenent del tipus de text de què es tracti i, en conseqüència, els límits, també.

El problema, si és que se'n pot dir així, és que aquesta conjugació entre llenguatge inclusiu i textualitat, a banda de ser complexa, implica pensar en cada cas quina seria la millor solució per al text sense afectar-ne la llegibilitat ni el sentit, i això requereix temps i un domini lingüístic i discursiu molt alt per no caure en solucions sistemàtiques fàcils, però que esguerren el text fins al punt que no pot complir la seva funció comunicativa. En són exemples paradigmàtics l'ús del desdoblament sistemàtic, l'ús d'elements marcats com a genèrics o la invenció de mots sense respectar les regles de formació de paraules i amb un clar desconeixement de l'etimologia.

3) Finalment, l'ús del llenguatge com a rentat lila implica intervenir en el llenguatge pel boc gros per no haver d'emprendre polítiques de dones d'ampli espectre amb implicacions reals en el col·lectiu. Intervenir en el llenguatge és fàcil i poc costós des d'una perspectiva econòmica, i mentre ens entretenim en aquest tema, ningú no es pregunta per què no s'estan fent polítiques amb perspectiva de gènere reals i tangibles. I és que fer polítiques amb impacte real per a les dones implica invertir-hi molts recursos, la qual cosa, malauradament, la majoria de governs no estan disposats a fer. Com es dissimula? Doncs fent ús d'un desdoblament de gènere sistemàtic pel qual sembla que, de cop, ja et converteixis en feminista, en un exercici de figureig digne d'Instagram, però amb zero implicacions reals en la vida de les dones. Als països amb llengües sense gènere o amb gèneres sense correspondència amb el sexe no hi ha discriminació? No hi ha masclisme? Pensem-hi.

36 «Correctors d'avui: ninges del llenguatge inclusiu»

Maria Camps Anglada

@mariacada; @marcamang

Fa dues dècades que corregeixo. Durant tots aquests anys, els reptes més importants han estat haver de treure'm del cervell amb alicates més d'un centenar de diacrítics, adaptar-me a unes quantes reformes ortogràfiques i eixamplar la mida de la malla del colador de la correcció quan m'ho demanen («perquè ara sí que hi surt, això, al diccionari»).

Però, sobretot, on he hagut de posar molta energia —i cada cop més, segons el client— és en el llenguatge inclusiu. En el meu cas particular, va arribar de bracet d'un encàrrec que venia, indirectament, de l'administració. Una empresa que feia formacions per al personal públic em va demanar que els corregís uns cursos i que, sobretot —en majúscules i negreta—, fes servir el llenguatge inclusiu, en el sentit que no podia quedar ni un masculí referit a éssers humans que no anés amb la seva companya de ball.

Això no vol dir que jo abans no hagués canviat mai una forma masculina —que de vegades, i segons el context, fins i tot podia resultar ambigua— per una solució no marcada, perfectament vàlida i que no interferia en la lectura i comprensió d'un text. Encara ho faig. I tant. Quan és possible treure una marca de gènere per una fórmula que no grinyola, no hi tinc pas problemes. De vegades, fins i tot, aquest recurs fa guanyar riquesa lingüística.

Però una cosa és treure marques de gènere i canviar-les per expressions que funcionen de manera absolutament neutra i l'altra haver d'estar pensant durant minuts i minuts com evito substituir un «coordinador» per un «coordinador/a» o per un sintagma encapçalat pel mot «persona» perquè em resisteixo a deixar un text amb més barres inclinades que comes. O ple de persones que fan coses.

D'aleshores ençà que tinc dues feines: corregir les incorreccions ortogràfiques, gramaticals, sintàctiques i millorar l'estil d'aquests textos, i esquivar masculins genèrics com si fos una ninja. La primera feina és la que es pressuposa a un corrector —en aquest cas meu, femení—, la segona és un afegit que treu molt de temps i energia a la primera.

Haver de fer de ninja del llenguatge inclusiu fins a aquests extrems fa que una correcció que hauria estat feta en un matí —amb la gramàtica, el diccionari i la intuïció lingüística a la mà—, demani molt més temps, i no sempre en benefici de la qualitat global del document.

I quin és l'objectiu de tot això? Fer que la societat sigui més feminista a còpia de desdoblar? O només fer veure que ho és? Desdoblar formes o posar barres inclinades a tort i a dret no farà que la realitat canviï per art de màgia. Tots hem sentit polítics i càrrecs importants desdoblant sense aturador, però on són les accions que acompanyen aquestes paraules?

Entenc que hi ha gent que no se sent reflectida amb segons quines maneres de parlar (o d'escriure), però molt sovint això no és culpa del masculí genèric, sinó de tot el discurs que hi ha al darrere, molt més subtil i malèvol.

No farem que aquest món sigui més feminista amb formes desdoblades o farcint un text de barres inclinades. El farem més feminista si més dones dirigeixen empreses, si més homes pensen què s'ha de fer per sopar, si més dones coordinen equips, si més homes porten el nen al metge, si més dones ocupen càrrecs importants a l'administració, si més homes s'encarreguen de comprar mitjons quan tots estan foradats o si més dones no han de triar entre ser mares o tenir carrera o no han de demanar permís per fer coses. O per ser dones. O per ser el que vulguin ser.

37 La llengua pot canviar la societat?

Josefina Caball

Traductora
jcaballg@gmail.com

Si la llengua és un reflex de la idiosincràsia d'una cultura, d'un poble, sembla lògic pensar que pretendre canviar la societat transformant-ne la llengua és voler començar la casa per la teulada. Primer caldrà modificar la mentalitat i el comportament d'aquesta societat, i així, la llengua mateixa anirà reflectint aquest canvi. Quan un ofici desapareix també desapareixen el vocabulari i les expressions relacionats amb aquest ofici, i no pas a l'inrevés. O quan sorgeix una nova tecnologia o un nou àmbit de coneixement, es creen termes per descriure'ls, i no a l'inrevés. Hem de creure que el corrent actual de revisió del llenguatge des de la perspectiva de gènere portarà a un canvi d'actitud respecte del lloc que ocupa la dona i de la seva visibilitat en la nostra societat? Tant de bo, però ho dubto.

El fet d'identificar el gènere gramatical amb el «gènere» determinat per la identitat sexual potser és el que crea confusió. Que m'incloguin dins l'etiqueta dels «traductors» no em molesta gaire; en canvi, sí que se'm fa feixuc llegir textos o sentir discursos en què s'aplica el desdoblament o en què s'ha volgut evitar expressions ben naturals però considerades «sexistes» i s'han substituït per termes «inclusius» però que no s'adiuen amb el registre ni amb l'estil general del text.

Soc conscient que aquest és un debat viu i que es van imposant criteris que van més enllà dels principis lingüístics, uns criteris que van calant a poc a poc en tots nosaltres. A l'hora de traduir, però, els dubtes respecte d'aquesta qüestió se m'esvaeixen, en bona part perquè qui em fa decidir per una opció o una altra és el text mateix: l'estil, el registre, les veus dels personatges, etc. i sobretot la intenció i el context de l'autor.

Hi ha qui afirma que cal traduir certs autors del passat imaginant com escriurien avui dia, segons la seva manera de pensar i els valors que defensen. Se'm fa difícil adoptar aquesta perspectiva perquè no es pot saber del cert quina hauria estat la posició de l'autor en la qüestió del llenguatge sexista, per la qual cosa em sembla més prudent i respectuós reproduir les opcions de l'autor de l'original.

El gènere de la literatura juvenil i infantil és, potser, l'àmbit en què més es fa sentir la urgència del llenguatge no sexista. Així i tot, també en aquest cas procuraria respectar el context en què l'obra va ser escrita. És diferent, però, que es tracti de fer una adaptació d'obres clàssiques per als infants o joves d'avui dia. En aquest cas, m'emmotllaria als criteris de l'editorial.

D'altra banda, amb aquesta mateixa voluntat de donar prioritat a la intenció de l'autor, recorreré al desdoblament, a la tria de termes inclusius o a l'opció del femení genèric, si aquesta és la línia que segueix i reflecteix l'autor o autora del text original.

Així doncs, sí, cal lluitar per fer visible l'aportació de les dones a la societat i per anar avançant en la igualtat; i a mesura que la societat sigui menys sexista, també ho serà la llengua.

38 Certeses

Elisenda Bernal

Universitat Pompeu Fabra
elisenda.bernal@upf.edu

El llenguatge vehicula pensament, sens dubte. Però tampoc ningú no discuteix que al darrere hi ha una gramàtica que, com a parlants de català, ens fa dir que la bici i el casc són vermells. De fet, si diem que la bici i el casc són vermelles la frase ens és estranya, anòmala, agramatical. L'exemple de la bici i el casc, o la carpeta i el bolígraf, o el tomàquet i la maduixa, el faig servir a classe per introduir el tema de la perspectiva de gènere en els textos, per tal de deixar clar des del començament, amb objectes inanimats, que gènere gramatical i sexe no són el mateix. Quan presento el tema i demano què en pensen, surten propostes, com canviar «vermells» per «de color vermell», «la llana és vermella i el ganxet també» o «són vermellis» (!).

Fer classes a Traducció i Interpretació vol dir, entre moltes altres coses, ensenyar a entendre que el text que tenim a les mans no és nostre, sens dubte. Que cadascú té les seves idees, però quan traduïm o quan corregim un text no les hi podem traslladar, i no podem canviar «els lectors» per «els lectors i les lectores» (per sort, aquí no funciona «el lectorat» i tampoc no proposen «la lectoralla» o algun altre col·lectiu genèric possible) si l'original no ho fa (o si no ens donen carta blanca per fer-ho). I això costa d'aprendre i la temptació de canviar el text (des de la puntuació fins a l'ordre dels elements) és gran, i és freqüent trobar intervencions innecessàries (ai!), també en qüestions de gènere.

Les persones som contradictòries, sens dubte. Perquè si cada curs em trobo amb defenses aferrissades de desdoblaments, perífrasis carregoses, col·lectius genèrics o morfemes (?) nous, les mateixes defenses conviuen amb la inadvertència de micromasclismes normalitzats socialment, que em preocupen bastant més, com ara el tractament de senyoreta o valoracions sobre aspectes superficials, com la manera de vestir, que apliquen a dones com Angela Merkel («sempre vesteix igual»), però que ni els passa pel cap de dir en el cas d'homes.

Les llengües evolucionen, sens dubte. Però els canvis que arrelen són els endògens i naturals, i els intents de dirigir aquesta evolució no solen tenir gaire èxit. Sigui com sigui, cal esperar i veure cap a on va tot plegat. De moment, seguiré desdoblant només en la salutació dels correus formals i, a partir d'aquí, sentit comú, que, com a la vida, és el millor criteri: buscar l'equilibri entre el respecte a la gramàtica i els principis de claredat i precisió, i una expressió de les idees i de la realitat justa i equitativa. I amb el masculí genèric quan calgui, per descomptat.

P. S. Em molesta que es qüestioni si soc «prou» feminista, com si hi hagués un MECR del feminisme amb els nivells de l'A1 al C2, perquè faig servir el masculí genèric. Feliçment, soc una dona, i defenso i reclamo els meus drets de ser tractada igual que qualsevol altra persona. I això no té res a veure amb els desdoblaments. N'estic segura.

ELS MITJANS DE COMUNICACIÓ

39 Llengua inclusiva: de la utopia a la distopia

Anna Vallès Anglarill
Departament d'Assessorament Lingüístic de la CCMA
a.valles.anglarill@gmail.com

Acceptar la proposta de col·laborar en aquest llibre t'obliga a recuperar anècdotes personals i professionals dels últims 15 o 20 anys. Un exercici necessari per prendre consciència del temps que fa que vivim al dictat de solucions lingüístiques pretesament inclusives, però que a la pràctica representen una pèrdua d'energia enorme i que ofereixen un resultat pobríssim. És el trajecte que va de la utopia a la distopia. De la creença que amb canvis quirúrgics en les estructures d'una llengua transformarem la realitat, al naufragi lingüístic. Parlem d'una intervenció transversal que afecta diversos àmbits, però que té en el tractament de gènere el principal cavall de batalla. Que un grup de dones, professionals de la llengua, creguin que cal fer un llibre per fer-se sentir davant d'aquesta realitat és, si més no, significatiu.

Perquè sí, va existir un temps en què podíem parlar, escriure o corregir i l'ús del gènere gramatical no ens convertia en militants de res. Però un dia, a la feina, t'arriba el primer text amb desdoblaments. Les frases, de mica en mica, es van omplint de termes genèrics, es canvien pronoms i aviat algú s'atreveix amb el femení genèric. Un redactor et demana que l'ajudis a buscar solucions neutres «per evitar-se problemes» i et trobes apel·lant al sentit comú sense gaire èxit. Després vas a buscar els fills a l'escola i a la classe de Tortuguetes sents que algú parla d'un tortuguet que fa anys. Quan encara no t'has refet, l'altre fill (que durant dos anys ha tingut una mestra que repetia cada dia religiosament «els pares i les mares» i que aquest any té un tutor que no ho fa) porta una nota de l'escola i quan allargues la mà perquè te la doni, la retira amb un gest enèrgic: «És per als pares». La nota, per cert, ens informa que aquest any «celebrarem junts i juntes Sant Jordi».

Però si ets dels que creuen que amb uns retocs morfològics pots canviar el món, per què t'hauries de conformar amb el llenguatge no sexista? Per què no hauries d'aplicar el mateix patró a altres col·lectius, a altres causes? I així és com, sempre sota el paraigua d'una llengua inclusiva, anem ensopegant amb més propostes inesperades. Un exemple recent el tenim en l'àmbit de la discapacitat amb el terme «persona amb diversitat funcional», que encara buscàvem d'on havia sortit, que ja s'havia escampat arreu. És igual que sigui un terme semànticament fallit, perquè «diversitat funcional» és un concepte universal que ens inclou a tots i, per tant, no pot adjectivar res ni ningú, o que les entitats del sector el rebutgin de ple. Tant se val el que dictin l'OMS o la DGPL. És massa llaminer. Aparentment, iguala les capacitats de tothom i alguns col·lectius i institucions aviat n'han fet bandera, encara que això els obligui a giragonses del tipus «taller per a persones amb i sense diversitat funcional». Que si ja era difícil determinar què és una «persona amb diversitat funcional»(si no és que ho som tots), una «persona sense diversitat funcional» ja demana coneixements d'hermenèutica.

Malauradament, tot i l'adhesió que desperten aquestes propostes sobretot en els àmbits administratiu, docent o institucional, l'experiència del dia a dia ens confirma que intervenir amb criteris ideològics sobre un codi lingüístic, encara que sigui amb la millor de les intencions, només acaba generant una llengua més tenallada, menys espontània i amb evidents confusions i contradiccions. Mentrestant, la realitat que volem transformar, la de les dones, la dels col·lectius LGTBI+, la de les persones amb discapacitat, la de les persones amb risc d'exclusió social, etc. continua demanant a crits polítiques valentes i accions efectives, no un maquillatge lingüístic. Perquè, com diu Isidor Marí, «canviar la realitat pot modificar el discurs, però canviar el discurs només pot camuflar la realitat».

40 La pilota que volia ser música

Raquel Santiago Batista
Lingüista
llenguaddicta@gmail.com;
www.correcter.cat;
@llenguaddicta (Twitter, Instagram i Twitch)

Us ha passat mai que comenceu a llegir una frase i no li trobeu el sentit fins que no arribeu a la darrera paraula? A mi em passa sovint. Normalment perquè qui l'ha escrita no ha tingut en compte que el text l'havia de llegir algú altre, i l'escriu tal com raja. Però d'uns anys ençà trobo que la raó d'aquesta manca de sentit i de fluïdesa rau en un ús profús de paraules que no signifiquen allò que la gent creu que signifiquen o, encara pitjor, que algú (digues-li feminista, digues-li IEC) ha decidit que signifiquin quelcom que abans no significaven. I potser ara enteneu el títol d'aquest article (espòiler: la pilota i la música són dones).

Quan vaig decidir que volia dedicar-me al llenguatge, a la capacitat humana de generar connexions cerebrals que permeten d'organitzar i catalogar els conceptes, d'adquirir una llengua (oral-auditiva o visual-manual), de comunicar-nos... ho vaig fer perquè em fascina que els humans hàgim arribat tan lluny tenint en compte Babel, la polisèmia, l'ambigüitat i tants entrebancs inherents a la comunicació. Per això no entenc aquesta dèria de voler-ne crear de nous. Llegiu aquesta frase: «Per tal d'aprovar l'assignatura l'alumnat haurà de superar la qualificació de 6 sobre 10». Si no hi heu entès que la frase diu que si un dels alumnes obté un 5, suspenen tots, és perquè ja heu estat infectats pel virus de la llengua presumptament inclusiva. I el virus va fent, va calant, a poc a poc, fins al punt que ens diuen que a la reunió farà tard una companya perquè ha trobat trànsit i no ens sorprenem quan «la companya» és un senyor amb barba (quedi clar que aquest exemple no va de LGTBIQ+). El llenguatge inclusiu hauria d'incloure, i parlar en femení (que s'ha posat de moda tant en reunions dels CDR com al Parlament), exclou. Perquè el femení és el gènere morfològic marcat de les llengües romàniques. I marcat vol dir no inclusiu. Ens agradi o no. De la mateixa manera que un senyor de metre i mig no s'ofèn quan li pregunten per la seva alçada, ni ens estranya que la profunditat d'un calaix pugui ser de cinc centímetres, hauríem de deixar de tenyir-nos el cabell de lila perquè al carnet d'estudiant no ens han posat «estudianta».

Soc lingüista. (Segur que el professor Moreno Cabrera no s'ofendrà si no ens referim a ell com a «lingüisto».) A banda de ser correctora i traductora, la vida m'ha dut a treballar a l'administració pública, on he trobat incongruències com l'exemple de «l'alumnat» (que és real) o la de tenir al davant un document titulat «Curs de capacitació d'oficial/a de Bombers» i que tots els alumnes fossin homes. No ens enganyem: el món segueix essent dels homes, i no serà aquesta */a* que el canviarà.

Recordo que fa uns anys, en un congrés sobre llengües minoritzades a la Universitat de Barcelona, va sorgir la polèmica de si al País Valencià, de la llengua, calia dir-ne «valencià» o «català», i la professora M. Carme Junyent, asseguda entre el públic, va demanar la paraula per dir: «És igual com li digueu, però parleu-la». Perquè, senyors (i senyores), el nom no fa la cosa. Ben poc ens serveix que els polítics parlin en femení si després les dones no arribem mai a ocupar els mateixos llocs de poder que ells ocupen; no ens fan cap favor obligant l'empresari a escriure al contracte «el/la treballador/a» si després té la llibertat de rescindir-nos-el quan tornem de la baixa maternal; tampoc no ens ajuda que a la carta municipal escriguin «els ciutadans i les ciutadanes» si a la nit no podem caminar tranquil·les pel carrer perquè sabem que ens exposem a una mena de violència de la qual ens faran culpables quan en som víctimes. Senyors, però sobretot senyores, si ens hem de tenyir el cabell de lila, que sigui per coses importants.

41 **Un front que ens desgasta**

Maria Rodríguez Mariné

Responsable lingüística
del diari *Ara*
@mardedubtes

Cada vegada hi ha més articulistes que utilitzen el femení genèric per sistema. Saben que no seran ben enteses (i aquí no és femení genèric, és que bàsicament ho fan dones), que al lector li costarà saber exactament de qui parlen («Ens vam quedar tancades a casa», «Ens han posat les vacunes de ben petites», etc.). Sacrifiquen en favor d'una causa l'objectiu bàsic de la comunicació, que és que el missatge arribi al receptor. Evidentment cadascú és lliure de protestar com vulgui, només faltaria. Violentar la llengua és una manera prou efectiva de fer-ho, perquè sens dubte s'aconseguirà cridar l'atenció. I si s'aconsegueix, és precisament perquè es vulnera un principi de l'estructura profunda de la llengua integrat en la competència lingüística de qualsevol parlant.

I aquesta estructura profunda segueix sent el que tothom diu i entén, fins i tot en l'ús espontani de la majoria dels que fan bandera del femení genèric. Després d'obligar a desdoblar *urbi et orbi*, de buscar fórmules genèriques forçades, encara ens continuem entenent quan diem que «aquest mes ha baixat el nombre de treballadors inscrits a la Seguretat Social» (no pensem pas que siguin només homes). Fins i tot la pressió de la pretesa «correcció política» d'imposar «persones» a tort i a dret no impedeix que el gènere no marcat funcioni: «Les persones sense sostre van ser els únics ocupants del recinte», escriu una periodista. Ho hauríem entès millor si hagués escrit «Les persones sense sostre van ser les úniques ocupants del recinte»? Gramaticalment és possible, però què ajuda més a la comprensió clara i directa?

No crec que hi hagi una força tel·lúrica (i masclista) que pressioni perquè el masculí continuï sent el gènere no marcat. Passa, senzillament, que el sistema lingüístic és aquest i tal com és ens funciona. ¿Que la societat és masclista? Sí, d'acord. Que volem (i hem de) protestar per fer-ho palès i canviar-ho? I tant, i com més siguem millor. ¿Però de veritat que hem de comprometre una cosa tan bàsica com la comunicació per fer-ho? I, encara més important, és efectiu? Ara ens convoquen a una «reunió de famílies» i no sabem si hi hem d'anar amb els nens o no i acabem uns amb canalla i altres sense (era sense, es veu). Entendre's ha passat a segon terme. L'important és no dir «pares» i estalviar-se haver de dir «pares, mares o tutors o tutores legals» (o «persones tutores»). La llàstima és que, partint d'un objectiu noble i lloable, aquest llenguatge es presta a fer-ne escarni i, cosa encara pitjor, pot crear la falsa sensació que s'està canviant alguna cosa quan en el fons no canvia res.

De moment, l'únic que hem aconseguit és que la idea que utilitzar el masculí genèric és «masclista» i «perjudica les dones» vagi fent forat. Per això, els lingüistes ja ens comencem a trobar que periodistes joves (tornen a ser només elles) ens demanen que ens «inventem» un «gènere neutre de veritat», amb la particularitat que només cal per a determinats noms, aquells en què el masculí gramatical es pot identificar amb el masculí humà. Per exemple, *periodistes* ja estaria bé però *metges* seria *metgis* (o com decidim que ho fem). Però, llavors, ¿no cauríem en la mateixa suposada trampa? ¿No invisibilitzaríem les dones? ¿O no era per fer-nos «visibles» que ens hem obligat a desdoblar? I, doncs, ¿haurem de fer la fórmula triple sempre per no «discriminar»?

M'ho pregunto seriosament: tant de bo fos fàcil de respondre. Tant de bo tinguéssim el poder d'avançar i posar fi a la discriminació només canviant terminacions. Ara bé, el que sí que podem fer és parlar clar i que el missatge no es perdi per la forma. Que la forma, per lícita i contestatària que sigui, no amagui el missatge important de veritat.

42 El català com un Fendi: exclusiu, especial i únic

Marta Pontnou Farré

Cronista sentimental
@thepontnouagency

Ja fa temps que dic que les catalanes som unes acomplexades i que no ens creiem el potencial de la nostra llengua. No ens agrada exhibir-nos ni fanfarronejar. Tenim una llengua que parlen 10 milions de persones i això hauria de ser un motiu d'orgull, com qui té una bossa Fendi al penjador de l'entrada de casa; exclusiu, el plaer d'uns quants. Només de saber que el català és una llengua minoritzada, ja hauria d'enorgullir-nos parlar-lo. Saber que cinquanta mil persones diem «esberlar» hauria de ser argument per fer-nos-en samarretes.

Quan em poso a escriure cada setmana al digital de cultura catalana *Núvol*, m'adono que tot el que vull expressar i criticar també passa per utilitzar una llengua inclusiva. De la mateixa manera que intento no discriminar a ningú per qüestions de gènere, també intento normalitzar les meves expressions de poble, que de vegades fins i tot sé que no són normativament correctes, però que no vull que es perdin i m'entesto a escriure-les entre cometes i tal dia farà un any.

Perquè de la mateixa manera que tinc la voluntat que les meves cròniques no excloguin a ningú i que les meves filles es criïn en una societat sense arquetips i amb totes les diversitats possibles ben visibles, també vull que perduri una llengua que té molts problemes per sobreviure, i vull que sigui utilitzada sense complexos, sense encorsetaments i d'una manera fluida. Intento parlar sempre des del focus de totes les diversitats sexuals perquè tothom pugui identificar-se en els meus escrits, però precisament perquè aspiro a la màxima naturalitat, m'adono que ara mateix el que no em surt fer és utilitzar el gènere no binari, perquè ni en tinc formació, ni tampoc em ressona. No soc escriptora, per tant, tot allò que em requereix un esforç i que no em ressona a dins de manera natural, no ho puc escriure.

En aquest llibre s'hi reuneixen moltes opinions sobre llengua i gènere, però us haig de dir que jo tinc molts dubtes: no sé si hi estic a favor o en contra, perquè entenc i defenso els qui demanen que se'ls tracti amb un gènere no binari, però jo no puc escriure-ho. Crec que la llengua ha de ser natural i ha de perdurar i l'hem de protegir i no posar-li tot més difícil cada dia, i això també inclou que cadascú escrigui com li plagui, i que a mi no se m'entengui com a contrària a ningú pel fet de no escriure en llenguatge inclusiu.

Per mi, la preocupació i la violència més grossa del llenguatge és la que utilitzem cap a nosaltres, sense ni tan sols parlar de gènere. És a dir, els adjectius pejoratius que fem servir per maltractar i menystenir els nostres cossos. Tenim una societat amb molts problemes: un d'ells és pressuposar les sexualitats i els gèneres de les persones, i un altre, el maltractament que ens fem les unes a les altres, sí, també quan parlem en femení, perquè sempre som nosaltres les primeres de castigar-nos i jutjar-nos.

Hem de ser sempre respectuoses amb qui ens demani que se li adrecin amb llenguatge inclusiu, però crec que podem deixar que la llengua faci el seu camí. El llenguatge fa canviar el pensament i la societat, sí, però si és molt forçat, aquest canvi no arrelarà mai.

43 Les bones intencions

Raïssa Martínez Vila-Abadal
Departament d'Assessorament Lingüístic de la CCMA
raissamva@gmail.com

La idea del llenguatge no sexista o inclusiu està carregada de bones intencions.

Però, per què marcar el femení, que és el que fan les llengües romàniques, vol dir invisibilitzar les dones? Hi ha altres llengües que marquen el masculí, i pensem que reflecteixen una societat menys masclista? Que no són societats tant o més heteropatriarcals que la nostra? I les llengües que no marquen res? Lingüísticament, no té res a veure el gènere amb el sexe. Si fos així, en el nostre cas els noms comuns no tindrien gènere i no diríem ni «la taula» ni «el pot».

El «llenguatge no sexista» s'ha anat introduint des de fa anys, sobretot en l'àmbit polític i en el de l'educació, i ha arribat a fer canviar la percepció del plural genèric.

A l'escola dels meus fills, deu fer quinze anys, una mestra em va dir que si deia «nens» no hi veia les nenes. Per tant, havien de dir «nens i nenes». I la meva filla de tres anys, que anava a la classe d'Orenetes, un dia en sortir d'escola em va dir: «Mare, demà, totes les orenetes i tots els orenets anirem d'excursió». Fins aquí havia fet forat la insistència del desdoblament. La criatura ja no concebia que en «les orenetes» hi havia també els nens de P3.

A més, una mare em va dir que si no deia «nens i nenes» volia dir que jo no em sentia dona. Em vaig quedar tan parada que no vaig saber què contestar. Però vaig pensar que no n'havia de fer res, ella, de què o com em sentia. Després es va disculpar, però m'havia xocat molt aquella reacció tan bel·ligerant. Els temes de llengua acostumen a despertar passions i poden portar disgustos.

Tornant a les bones intencions, hi ha una qüestió que últimament es va repetint a la feina. És el cas de les infermeres. Fa poc ha sigut el Dia Internacional de la Infermeria. S'ha buscat un nom col·lectiu i tothom content. Però, no, ara hi ha periodistes que volen dir «infermeres». Volen fer el femení genèric perquè és un col·lectiu tradicionalment format per dones. I em diuen: «Per una vegada que el genèric és el femení». I els dic: «L'IEC encara no ha dit que "infermeres" sigui genèric». Volien fer aquest titular: «Les infermeres que vacunen no s'han de fer la PCR». Va costar fer-los entendre que en aquesta frase els infermers quedaven exclosos, i que s'inferia que ells sí que s'havien de fer la PCR. Per tant, donaven una informació errònia.

El criteri dels mitjans és fer servir noms col·lectius, com «personal d'infermeria», per defugir la tradicional denominació «metges i infermeres». Però, com que les infermeres han guanyat prestigi amb la pandèmia, reivindiquen el «genèric femení». I què passa amb altres col·lectius, com el de la neteja, abans dit «dones de fer feines»? També són imprescindibles, siguin homes o dones. D'aquest grup en diem «personal de neteja», perquè som igualitaris. Al final sembla que caiem en una actitud classista.

No es pot violentar la llengua. Si la llengua és un codi que ha de servir per comunicar-nos i, per tant, per entendre'ns, si tergiversem i forcem el codi arriba un moment que no ens entenem i la llengua deixa de fer la seva feina. Canviar la llengua per canviar el món? Contribuïm a fer una societat més justa i igualitària si resulta que no ens entenem, i el codi ja no serveix per dir el que volem dir?

44 Semblar feministes per no haver de canviar res

Anna Alfonso Casals

Periodista a RAC1 i a RAC105
@annaalfonsoc

Hi ha dues coses que tinc clares sobre el feminisme: la primera, que els homes també hi han de ser, perquè això és feina de tots. La segona: que hi ha poques coses que facin més vergonya aliena que un home masclista deixant clar, una vegada i una altra, com de feminista arriba a ser. D'aquells que ho pregonen als quatre vents, que es posen una samarreta lila el 8 de Març i que no s'adonen que, tot i que es vesteixin de superherois de la causa, es veu d'una hora lluny que continuen portant (com cada dia de l'any) els calçotets per fora de la disfressa.

Fer servir el femení com a genèric, en lloc del masculí, és com dur una samarreta lila. Com posar-se la capa de superheroi: tothom que ho faci servir sembla automàticament feminista. Però tant la samarreta lila com el femení genèric tenen tres inconvenients:

- El primer: que per si mateixos no serveixen per solucionar res.
- El segon: que ens mantenen ocupats i ens distreuen de la lluita, del que de debò ens fa avançar cap a la igualtat.
- El tercer: que des de dins del feminisme es fa difícil qüestionar-ho, perquè els que defensen aquest ús del femení són persones amb qui comparteixes objectius. I prou feina tenim les feministes com per discutir-nos entre nosaltres sobre si cal o no parlar en femení.

Molts dels arguments per defensar l'ús del femení genèric són fal·làcies que es desmunten quan hi pensem de manera crítica. Per exemple:

- **El masculí genèric no representa les dones.** Fals. Que en català el gènere no marcat sigui el masculí no té res a veure ni amb els homes ni amb el seu sexe. El masculí genèric ens inclou a tots: ni és just que els homes se n'apropiïn ni que les dones ens n'autoexcloguem. No cal dir «tots i totes» per incloure les dones, ni crec que ens faci cap favor construir-nos una parcel·la a mida: el món és tan nostre com d'ells.
- **Parlar en femení genèric visibilitza les dones.** Trobo que és un dels arguments més perversos per defensar-ho. Visibilitzar-nos és un acte de condescendència masclista que no ens fa cap servei. En esferes de poder els homes no necessiten que ningú els visibilitzi, perquè ells ja són allà, ben visibles només pel fet de ser-hi. La sensació és que, amb l'argument de visibilitzar-nos, ens han colat un gol en tota regla.
- **Parlant en femení genèric podem canviar la realitat.** Fals. Només canvia l'aparença. Tant de bo aconseguir la igualtat fos tan fàcil com canviar els discursos i dir sempre «diputades» o «directores». Parlar en femení és completament innocu contra el masclisme. I no només això: ens té entretingudes, ens pren l'energia i ens dona la sensació que estem fent alguna cosa, quan realment no estem fent ni pessigolles al patriarcat.

Ni enfonsarem el masclisme amb samarretes liles, ni ho farem disfressant la realitat ni forçant el llenguatge. Un dels mèrits del femení genèric és que fa que la societat sembli més feminista. Però jo no vull un món que sembli feminista. El que volem és una societat més feminista, no una que faci veure que ho és.

45 Llenguatge inclusiu és dir les coses pel seu nom

Ana Alarcia
Correctora i assessora lingüística a RAC1
@ana_alarcia

L'altre dia, cap a un quart de vuit del matí, mentre corregia l'informatiu, em vaig trobar aquest titular: «Marilyn Manson torna a tenir problemes». Vaig avisar el redactor que l'havia escrit i de seguida es va adonar que allò no es podia locutar. El titular que va acabar sonant en antena va ser aquest: «Marilyn Manson torna a estar acusat de violació». Com canvia, eh? No ho havia escrit amb cap intenció concreta, simplement no s'hi havia fixat.

Com a servei lingüístic, de casos així de flagrants ens en trobem molt de tant en tant, però pràcticament cada dia hem d'esborrar algun article davant del nom d'una escriptora, una consellera, una cantant, una doctora o una periodista, mentre que aquesta marca de familiaritat poques vegades es dona davant del nom d'un escriptor, un conseller, un cantant, un doctor o un periodista. Fins i tot quan se'ls anomena de costat, sovint a la dona se li posa l'article i a l'home, no.

Aquest paternalisme va una mica més enllà. Us proposo un joc: a veure si endevineu quin exemple és real i quin és inventat:

> «Cayetana anima les masses a concentrar-se a la plaça Colón en contra dels indults.»

> «Pere es marca com a objectiu reunir-se amb els partits que li han donat suport.»

Sí, era una pregunta trampa. Evidentment que ningú s'ha referit al president del Govern com a Pere —tampoc ha passat amb cap presidenta, però perquè no n'hem tingut mai. És habitual sentir que a les dones se les anomena pel nom i als homes, pel nom i cognom o pel cognom. Per què elles poden ser la Cayetana, la Soraya, l'Ada, la Tamara i la Kamala, però ells mai seran en Pablo, en Pedro, l'Ernest, l'Adrià i en Joe?

Sovint també hem de recordar als periodistes que les dones no moren a mans de les seves parelles, sinó que les assassinen, i que les violacions no passen, sinó que es cometen. Per tant, sí, el llenguatge és masclista, i no, no té res a veure amb el masculí genèric. El llenguatge és masclista perquè està contaminat per una perspectiva androcèntrica que ens empassem sense pensar. Desmasculinitzar el discurs és necessari, però potser estem mirant cap a on no toca. Segur que un dia parlar en femení i fer el desdoblament de gènere va ser una transgressió de la norma que buscava agitar consciències i provocar un canvi, però aquest propòsit es va perdre el dia que les institucions hi van veure una finestra perfecta per construir un discurs que el que fa és maquillar la realitat mentre els homes ho continuen monopolitzant tot.

Podem desdoblar els substantius si en algun moment ens cal, podem fer servir noms col·lectius, podem parlar de *persones*... però hem de fer servir el masculí genèric perquè és el tret del català que ens permet incloure a tothom, perquè fer una llista exhaustiva de totes les identitats de gènere cada cop que ens referim a un col·lectiu és impossible i perquè l'economia del llenguatge és un principi que no podem eludir. I sobretot hem de dir les coses pel seu nom (i les dones, pel cognom).

L'ADMINISTRACIÓ

46 Això no va de llengua?

Margarida Sanjaume Navarro

Excap del Departament d'Assessorament Lingüístic del Parlament

Al principi dels noranta del segle vint, la indignació per la poca o nul·la presència de les dones en determinats llocs de la societat i la invisibilitat de les poques que hi havien accedit, especialment en l'àmbit polític, ens va portar a abraçar les recomanacions de llenguatge no sexista que ens venien del món anglosaxó. Les vam traslladar al català de l'administració pública amb l'entusiasme de la novetat i amb l'esperança de revertir la invisibilitat de les dones en moltes esferes. Vam pensar que si canviàvem l'ús de la llengua en aquest sentit, podríem eliminar desigualtats.

Si fem balanç de tots aquests anys, podem dir que es va contribuir, com a mínim, a conscienciar la societat i, sobretot, a evitar usos sexistes del llenguatge. Però aquelles primeres recomanacions, pensades, de fet, per a l'anglès, van derivar cap a propostes que han acabat afectant directament el funcionament del català perquè s'han formulat sense prou rigor i a partir de malentesos lingüístics. I ara ja fa temps que tenim unes directrius que s'han d'aplicar com un dogma de fe i que gairebé ningú no gosa contradir per por de ser acusat de sexista.

Penso que són un bon exemple de l'estat actual de la qüestió frases com ara «El masculí genèric és antiquat, oi?» o «Això no va de llengua», que es van fer servir per replicar, des de l'àmbit polític, els arguments d'uns serveis lingüístics que maldaven per fer veure la distinció entre sexe i gènere gramatical i per insistir a explicar que el gènere no marcat o masculí genèric és inclusiu, un tret lingüístic característic de les llengües romàniques.

La primera frase, «El masculí genèric és antiquat, oi?», és conseqüència de les múltiples propostes per evitar l'ús del gènere gramatical no marcat: desdoblaments forçats i persistents; el mal anomenat «femení genèric»; l'abús de mots col·lectius, com ara *alumnat* o *professorat*, també invisibilitzadors al capdavall; l'abús de construccions amb el mot *persona*, com ara «persones treballadores», «persones consumidores», «persones víctimes» i fins i tot el disbarat de «persones infants», i encara altres innovacions més recents. Tot i l'esforç dels lingüistes per evitar-ho, en l'imaginari col·lectiu està arrelant la idea que el gènere gramatical masculí —que es podia haver denominat d'una altra manera— és l'autèntic perill que cal evitar. I el resultat és que totes aquestes fórmules, fetes amb més bona intenció que encert, només creen inseguretat i confusió, i així s'acaba de desestabilitzar encara més l'ús del català.

Diria, a més, que aquest afany d'imposar un llenguatge pretesament inclusiu que menysté per desconeixement les estructures de la llengua no hi ha ajudat gens, perquè ha empobrit, ha ridiculitzat fins a l'anècdota i ha difuminat la llarga lluita de les dones per tenir la presència que ens correspon a la societat. I alerta amb aquesta pretesa visibilitat aconseguida per mitjà de desdoblaments constants, com si hi hagués dos col·lectius separats, el dels homes per una banda i el de les dones per l'altra, perquè sovint provoca una clara segregació de les dones, justament el que es volia evitar.

I la segona frase, «Això no va de llengua», posa al descobert el propòsit d'imposar uns determinats usos de la llengua que s'han d'acatar sense discutir-los i que no admeten cap argumentació lingüística. Aquestes pressions han aconseguit crear un clima de molt poc respecte envers el col·lectiu que es dedica professionalment a la llengua, que fa que qualsevol discrepància, encara que sigui autoritzada, pugui ser bandejada automàticament.

Però, si la lluita per la visibilitat de les dones i contra el sexisme no va de llengua, per què s'ataquen els fonaments de la llengua? Aquesta lluita de fons, efectivament, no va de llengua, i, en canvi, insistint en un llenguatge políticament correcte, però gramaticalment incorrecte i no funcional, correm el perill que només sigui una política d'aparador, que pot resultar ben útil, per cert, per al poder patriarcal, perquè ens desvia de l'autèntic combat per eliminar les desigualtats.

47 Una empremta de la «visibilització» de «les bibliotecàries» al Col·legi de Bibliotecaris i Documentalistes de Catalunya, avui

Mina Nabona-Jassans

Bibliotecari a la Biblioteca de Lletres del CRAI de la Universitat de Barcelona; doctorand del programa UB d'Informació i Comunicació Audiovisual amb la tesi que segurament es titularà «Optimització mitjançant modelització matemàtica a la biblioteconomia: una eina per prendre decisions»; col·legiada al COBDC
@MinaJns

La biblio-teco-nomia —paraula patidora, poc valorada— ha estat a Catalunya durant molts anys «visibilitzada» com a professió de «ratetes» que escombraven l'escaleta. Ha redundat en poc reconeixement institucional, social i, ben clar i català, professional: sous baixos, desprestigi, menysteniment del potencial de la disciplina, fins a l'extrem que a la Universitat de Barcelona no tenim una Facultat de Biblioteconomia, sinó una altra cosa.

Els bibliotecaris sembla que som acomplexats arreu: al món anglosaxó et trobes que la disciplina es diu «Library and Information Science», com si la «Information» no fos res digne de ser subjecte de ser indexat en una «library». Massa vegades no som conscients que també som part del gran grup dels professionals de la llengua (construïm ontologies, etiquetem, decidim noms de matèria...), on les badades al respecte tenen transcendència; i molts de naltros ja no s'identifiquen com a bibliotecaris —a vegades som curadors de continguts, a vegades som *knowledge managers*—, cosa que fa que el terme original, que, insisteixo, era prou bo, es vulgui arraconar.

Veieu que parlo de bibliotecaris i no de bibliotecàries perquè per mi «bibliotecari» és la paraula que accepto sense marca de gènere en la nostra professió. Si algú parla de mi com «la bibliotecària», suposo que es refereixen a aqueixa d'allà de qui no recordo el nom. Però no m'agradaria ser inclosa en un futur a la Viquipèdia en la categoria «Dones en la biblioteconomia» (embolica que fa fort, l'encapçalament de matèria): sempre és més divertit accedir a la volta del cel de nit en tota la seva lluminària, no per seccions ni amb filtres. Agraeixo que algú s'adoni que anatòmicament semblo una dona, però jo no vull ser en una pàgina segregada dels meus companys de taxonomia.

I ara us explicaré per què em llegiu. La M. Carme Junyent em va convidar a parlar de quelcom que va passar durant el març de 2021 al Col·legi Oficial de Bibliotecaris i Documentalistes (nom ja massa llarg, pel meu gust particular) de Catalunya: el grup de treball Dones visibles va proposar que el nom del Col·legi fos inclusiu, en particular segons la Llei 17/2015, del 21 de juliol, d'igualtat efectiva de dones i homes.

Per què se'ls va acudir? No crec que es passin el dia llegint el DOGC a veure què en podem aprofitar. Potser va ser pel bombardeig mediàtic concomitant a aquesta llei, és a dir, per un relat sobre la situació que naixia dels evidents sostres de vidre i que, en part per compromís, va intentar ser corregit per ella, responsable final d'introduir el bot maligne dels desdoblaments en la llengua. Desdoblaments i triplicacions (heu sentit parlar dels «totis», oi?), pastanaga de burro de sénia amb la qual crec que hem estat entretinguts i, alhora, manipulats informativament, estratègicament i políticament.

Total que un dia se'm va acudir dir públicament, a Twitter, en resposta a una entrevista al president del Col·legi, que si el nom canviava, jo descavalcava. Això tan estripat va ser l'inici d'una conversa (els bibliotecaris a vegades confonem cautela amb lentitud, la cosa va trigar) que, a setembre de 2021, no sé on haurà anat a parar. Us convido que busqueu el Col·legi a internet i examineu la seva pàgina web per veure minut i resultat. Creuo els dits, i confio en tots els meus companys, tant els que es reparteixen els llocs de comandament com els que influeixen, com els que innoven, com els que fan feina de ratolí de biblioteca. Esperem que el temps invertit en consideracions sobre desdoblar-nos lingüísticament ens hagi fet pensar i hagi fet que ens coneguem més els uns als altres.

48 La política i la llengua no són amigues

Lídia Gil López

Llicenciada en Filologia Anglesa
per la Universitat de Barcelona
@giloetta

Treballar de referent lingüístic a l'Ajuntament de Barcelona amb un equip de correctors i traductors va ser una feina apassionant durant molts anys, fins que el 2015, amb un canvi de govern, es va convertir en un malson.

La victòria dels Comuns va comportar l'arribada al consistori d'unes dones que volien canviar el món modificant l'ús de la llengua perquè estaven convençudes que aquesta és sexista. Eren responsables de la comunicació corporativa, dels serveis a les dones, dels feminismes i de la defensa dels drets de la comunitat LGTBI. Van plantejar la necessitat de visibilitzar les dones, de crear un estil comunicatiu «inclusiu» i que els donés la màxima representativitat. Van començar amb recursos poc productius com els desdoblaments, o la invenció de termes com *monomarental* o *donanatge*, que han fet córrer rius de tinta. La cosa pot fins i tot fer gràcia, però de fet és un problema, i greu.

La creença que la llengua és només una eina per comunicar-se i que es pot manipular a gust del comunicador per adequar-la a uns objectius i interessos determinats és l'arrel d'aquesta situació amb què ens topem en molts àmbits de la vida quotidiana, on el mal anomenat llenguatge inclusiu campa a plaer. Com que tothom parla, tothom es pensa que en sap, de llengua, i hi ha qui s'atreveix a qüestionar els criteris dels qui sí que en saben, dels professionals de la llengua.

Moltes vegades m'he preguntat com algú que no està qualificat en el tema gosi dir que la llengua és sexista, i que l'única argumentació per sostenir-ho sigui que el gènere masculí invisibilitza les dones.

Per molt que t'esforcis a demostrar que el masculí és el gènere no marcat i que, per tant, inclou homes i dones, no hi ha pitjor sord que el que no vol sentir (i menys encara escoltar). Tant se val que els diguis que s'equivoquen quan confonen el gènere amb el sexe, o que la llengua és un sistema complex que funciona de meravella fins que en toques una peça i es desequilibra tota la resta. Tant se val, perquè tenen un propòsit polític clar, i ja se sap que en política la finalitat justifica els mitjans.

Així les coses, l'equip de correctors vam constatar com, amb poc temps, la consigna política havia penetrat arreu al marge dels criteris lingüístics (i del sentit comú). Ens arribaven molts textos amb desdoblaments arbitraris i farcits d'altres recursos poc naturals, com els noms col·lectius (*veïnat*) i la paraula *persona* davant de substantius que en porten implícit el significat (*persones usuàries*). No va servir de res demostrar que es produïen redundàncies, ni tampoc els informes per justificar les correccions sobre el mal ús del gènere gramatical. El súmmum va ser quan algú, al marge de nosaltres, i sense haver-nos-ho consultat, va elaborar un document sobre usos no sexistes en la comunicació corporativa, que s'havien d'aplicar tant a l'hora d'escriure com de corregir. Tot plegat un atemptat contra la llengua que, segons el meu criteri, una administració pública com l'Ajuntament de Barcelona, amb un llibre d'estil propi signat per en Joan Solà, no havia de tirar mai endavant. Com a filòleg no el vaig poder acceptar, i vaig deixar aquesta feina.

Els correctors que treballen a l'administració pública tenen mala peça al teler, perquè s'han de sotmetre a les decisions que prenen uns polítics que, llevat d'honroses excepcions, no saben de llengua ni la respecten. No sé quina solució hi ha, però penso que sense prestigiar la professió hi ha poca cosa a fer. Potser si ens plantéssim davant de segons quins abusos es podria posar una mica d'ordre en aquest desori.

MÉS ENLLÀ DEL BINARISME

49 De vivències i ambivalències amb relació al gènere i les llengües

Mireia Trenchs Parera

Universitat Pompeu Fabra
@MireiaTrenchs

Teacher, have you ever suffered any gender discrimination at university? En Manel tenia 18 anys quan, al mig d'una aula de primer d'universitat, va llançar la pregunta. La resta d'aquella classe de Llengua Anglesa la vaig passar debatent amb aquell grup d'estudiants sobre discriminacions que jo o altres dones havíem viscut al llarg de la vida universitària. Va ser una bona classe: més participació que mai en un grup, fins aquell dia, tranquil. Què havíem fet abans d'aquella pregunta?

Havíem parlat d'estereotips i de paraules freqüents —com *housewife, nurse* o *maid*— que marquen professions com a femenines. Havíem parlat de mots genèrics acabats en *-man* o *-men,* com *policeman, firemen* o *spokesmen,* que obliden dones que fan les mateixes tasques, tal i com ho fan mots abstractes com *mankind, brotherhood* o *manpower*. Havíem parlat de connotacions de paraules com *master/mistress*. En tots els casos treballàvem alternatives com *fire-fighter, police officer, humanity, solidarity, work force* o *spokesperson*. És ben cert que les llistes de vocabulari són la manera més avorrida d'aprendre llengües però no semblava que el grup s'avorrís gaire fent-ne una. En sabien, i més del que els professors de l'assignatura havíem previst. Una primera lliçó per a aquesta professora: si més no a la universitat, nois i noies són plenament conscients que els lèxics de les llengües són rics en possibilitats i ens permeten fer tries que poden ser més o menys igualitàries.

Torno a en Manel i com, amb la seva pregunta, la classe va donar un tomb. No varen parlar més de lèxic sinó de com es podien canviar dinàmiques socials discriminatòries, incloent-hi les relacionades amb identitats de gènere no binari. Una segona lliçó: el que veritablement importava a aquell grup de joves no era aquella llista de mots sinó comportaments reals i les seves conseqüències de desigualtat. Eren les qüestions de Gènere en majúscula, les que tenien a la seva agenda.

Tinc una companya de professió, l'Esther, que sempre saluda amb un *Hola a totes* quan ens escriu a un grup de treball de dones i homes: el genèric femení és una marca del seu discurs. També el fa servir la Judith, la meva professora de ioga, quan ens diu *estigueu relaxades.* Confesso que em relaxo poc: automàticament visualitzo en Josep, un dels pocs homes en una sala plena de dones. ¿No estem girant la truita i, precisament, fem «destacar», quan no ve al cas, homes com en Josep en mig d'un grup? Penso en el fill de l'Esther i la filla de la Judith. ¿Fan servir elles aquest femení genèric a casa? ¿L'assumiran aquests infants com a segona manera de parlar en plural? ¿O, per contra, entendran els morfemes de gènere gramatical femení com a única manera de referir-se al plural?

Soc filòloga anglesa i faig servir el *they* per referir-me a referents genèrics singulars com *everybody* o *someone*. No és una opció nova en aquesta llengua. La morfologia anglesa no té sufixos marcadors de gènere gramatical per a substantius i adjectius: *happy* per *content* i *contenta, all* per *tots* i *totes,* o *the students* per referir-me a un grup de joves sigui quin sigui el sexe que, com a parlant, els atorgo. Alhora paro orella a estadístiques i veus reivindicatives que provenen de països anglòfons. Una tercera lliçó: no sembla que parlar una llengua amb molt poques marques de gènere gramatical comporti molt menys sexisme i em pregunto si, dient sempre *tots i totes* en català en lloc de *tots*, contribueixo realment a fer possibles els canvis socials que aquell grup d'estudiants desitja.

Soc d'una generació diferent de la de joves com en Manel i, com veieu, les meves vivències i educació lingüística em fan ser ambivalent. «Transito» quotidianament entre formes lingüístiques adquirides en el passat i noves opcions que la llengua incorpora a mida que els valors de la societat canvien. Em sento còmoda en aquest «trànsit» lliure mentre els meus valors canvien. Que més gent experimenti canvis és el que volem: donem-los temps —com tindran aquells dos infants— per «transitar» per les opcions que ens dona la llengua. Només així, els canvis lingüístics —i ves a saber quins acabaran quallant!— reflectiran els canvis socials que veritablement necessitem.

50 Quin model de llengua per als nous parlants?

Anna Subarroca Admetlla

Professora de llengua i cultura portuguesa, catalana i espanyola a la Universitat de Friburg (Alemanya). Membre de la Societat d'Ensenyament i Recerca del Català com a Llengua Estrangera
@AnnaSubaAd; @SER_CLE

El format del títol de l'article reflecteix perfectament la meva situació envers el tema d'aquest llibre: un gran signe d'interrogació. Vaig acceptar la proposta de la M. Carme Junyent pensant que no seria tan complicat exposar la meva posició sobre el tema, però quan m'hi vaig posar tot eren dubtes i preguntes.

Em dedico a la didàctica de les segones llengües i a la sociolingüística a Alemanya, on ensenyo portuguès, català i castellà com a llengua estrangera a la facultat de Filologia. Semestre rere semestre, veient el to d'articles, tertúlies i entrevistes cada cop més freqüent, em pregunto quin model de llengua hauria de transmetre als nous parlants de les llengües romàniques que ensenyo. Alguns manuals tenen en compte el llenguatge inclusiu, fins i tot parlen explícitament de llenguatge no sexista, però més enllà d'això: quin llenguatge fem servir a l'aula perquè tothom se senti inclòs i per no ofendre ningú per qüestions de gènere?

A la universitat on treballo ens recomanen optar per una «kreative Lösung» (solució creativa) que eviti el masculí genèric i inclogui tota la varietat d'identificacions de gènere. Ens aconsellen que combinem tots els recursos lingüístics per aconseguir un llenguatge just i amb sensibilitat de gènere, adaptant-lo al context i als destinataris i evitant excloure ningú. I com es fa això? On trobem eines, recursos i criteris unificats? Sovint em perdo entre tantes guies, recomanacions i llibres d'estil i em falten directrius clares i senzilles de seguir. Com puc demanar que un aprenent aconsegueixi fer un ús controlat del llenguatge inclusiu a l'aula amb produccions espontànies en una llengua que encara no domina?

M'agrada portar temes actuals a l'aula i, certament, molts dels estudiants estan en contacte amb moviments feministes i ecologistes a Alemanya o Llatinoamèrica. No vull semblar una professora carca ni intolerant: em veuran així si no els envio correus electrònics dirigits a «totxs»? Però, és clar, han d'entendre que, en un àmbit universitari, estem emprant un registre concret i certes expressions no són adequades. En definitiva, que algunes vegades em faig la boja i faig veure que no he vist els seus missatges amb «x» o «@» i qui dia passa, any empeny. Amb estudiants de nivells més avançats o en cursos de sociolingüística, llegim textos que defensen diferents posicions i sempre s'acaba generant un debat molt enriquidor. M'encanta fer trontollar certs arguments i veure com algunes posicions que estaven en un extrem o en l'altre, es van acostant. També em sembla curiós comparar el ritme i la situació del debat sobre gènere i llenguatge en diferents llengües o països.

Últimament van arribant a les aules persones no binàries que demanen ser respectades i reconegudes. Algunes al·leguen que fer servir llenguatge binari per dirigir-se a elles és una falta de respecte i exigeixen que tot el grup adopti formes i expressions que encara no són usades per la majoria dels parlants de la llengua que estem aprenent. Estem segurs que el problema és «la forma de les paraules»? La llengua pot canviar la realitat? Aposto per dedicar més temps i esforços a fer pedagogia del respecte a la diversitat i ser models d'acceptació i inclusió a les aules, em preocupa més el sentit i el contingut de certs missatges que la terminació de gènere emprada. Fins a quin punt cal modificar la llengua? A quin ritme i a quin preu? Qui ens guia? Qui hi posa seny i criteris? Ja ho veieu, són moltes interrogatives.

51 Ell, ella, elli

Renée Pera Ros
Sociolingüista i professora de català de la Xarxa Llull
@reneepera

Amb aquest brevíssim article no pretenc proporcionar una solució miraculosa ni la proposta perfecta per al llenguatge inclusiu. Voldria intentar, més aviat, convidar a reflexionar sobre la manera d'entendre el llenguatge i la relació que hi tenim.

Les persones no binàries existeixen i són una realitat, comencem per aquí. Una persona no binària pot no identificar-se ni com a home ni com a dona, o pot identificar-se amb els dos gèneres, però el cas és que no entra dins del binarisme home-dona. Tenint en compte això, és comprensible que les persones no binàries tinguin la necessitat d'expressar-se d'una manera amb la qual se sentin còmodes, perquè al cap i a la fi allò que no es pot anomenar o expressar és com si no existís, i posar-hi nom dona visibilitat i reconeixement. Això del gènere no binari pot costar d'entendre des de la perspectiva (i privilegi) d'una persona cisgènere (és a dir, que s'identifica amb el gènere assignat en néixer), però bé, potser és més fàcil d'entendre que la llengua i el llenguatge juguen un paper important en la identitat i la seva expressió si ho pensem com a parlants d'una llengua minoritzada.

En català s'ha fet una proposta de gènere no binari que, ves per on, ha aixecat polseguera. Que aquesta proposta hagi causat rebuig no és cap sorpresa: els canvis costen d'acceptar (pensem, si no, en el rebombori que va causar la supressió dels diacrítics), i més si són proposats per un col·lectiu minoritari de la societat poc conegut i reconegut.

Tot i el poc entusiasme amb què es reben els intents de fer el llenguatge més inclusiu, les persones no binàries no deixaran de reivindicar-se ni de buscar la manera d'expressar-se. Si no troben la manera de fer-ho en català, es passaran al castellà, com es fa en tants altres àmbits en què es té la percepció que el català no ofereix prou atractiu o recursos. I així anirem afegint més pedres a la motxilla dels prejudicis lingüístics contra el català i anirem retallant usos a la llengua: no serveix per a les xarxes socials, no serveix per parlar d'això o d'allò altre, no serveix per insultar... Si seguim amb aquesta cantarella, s'acabarà veient el català com una nosa, com un passatger que s'ha passat la parada i li toca ja baixar del tren de la vida moderna.

Una llengua viva evoluciona i canvia, fet que queda palès amb les paraules i expressions que aprenem i ens inventem contínuament. Per què no podem modificar el llenguatge i intentar trobar maneres d'expressar-nos més inclusives? Evidentment que l'hàbit no fa el monjo i que la discriminació masclista o contra el col·lectiu LGTBI+ (en el qual s'inclouen les persones no binàries) ha d'anar molt més enllà de la manera de parlar, però és que una cosa no treu l'altra. Al capdavall, la llengua ni s'engendra als diccionaris ni la pareix la comunitat de lingüistes, sinó que la fa la gent al carrer, a casa, en el dia a dia.

En comptes de fer befa i deslegitimar la manera de parlar de tal persona o col·lectiu perquè sona estrany o ridícul, o perquè és agramatical, podem intentar entendre, per una banda, la necessitat de canviar el llenguatge, i per altra banda, què podem fer perquè el català segueixi evolucionant i sent una llengua tan vàlida com qualsevol altra.

52 A la recerca de la inclusivitat perduda

Míriam Martín Lloret

@mirmalloret
mirlloret@gmail.com

Diu la llegenda que si volem ser una persona amb consciència inclusiva cal desdoblar-ho tot i practicar el binarisme de gènere. D'aquesta manera, algun ésser defensor de les causes binàries ens ha venut la moto del fet que si ho desdoblem tot posem el nostre granet de sorra en la lluita feminista, sobretot a les universitats i a l'administració. Ens agradi o no, la llengua tradicionalment associa gènere amb sexe a partir del binarisme: ell és el mascle i ella, la femella. La gran veritat és que el desdoblament, amb la voluntat de ser inclusiu, és carregós i exclou a qui no s'identifica amb home o dona, és a dir, exclou les persones no binàries, i aquest sí que és un tema que em preocupa. El desdoblament de gènere és un tapaforats mal fet.

Sempre estaré a favor de trobar recursos per a les persones que no se senten incloses en aquest esquema binari, però no compteu amb mi per fer el ridícul parlant de *tions i tiones*, ni compteu amb mi per plorar si desapareix el *Mr.* i *Ms. Potatoe* per un *Potatoe Head*, que és el que és. Ja fa temps que hem perdut el nord i fins i tot s'enfoquen objectes en el binarisme. Estic farta del «benvolguts companys, benvolgudes companyes; benvolgudes diputades i benvolguts diputats...» La solució no és aquesta. *Gràcies a tots i a totes* no és la solució. *Gràcies a tothom* ('tota la gent'), tot i que etimològicament vol dir 'tot home', no té voluntat d'excloure i és inclusiu.

Amb l'obsessió d'incloure tothom amb desinències perquè el català no té gènere neutre com l'anglès (que pot ampliar el significat del pronom *they* per referir-se a persones no binàries i tots contents), sembla que ens hem oblidat d'una idea molt bàsica que no podem obviar: que el masculí pot fer la funció de gènere no marcat en molts casos en què no és necessari visibilitzar persones concretes. Per exemple, quan diem *el codi d'usuari, el perfil d'usuari, adreceu-vos a l'atenció al client, el client sempre té la raó* o *el lector descobrirà grans personatges.* En aquests casos s'expressa un concepte i no fa referència a una persona concreta. Fa referència genèrica a tot individu independentment del sexe.

És més preocupant el biaix masclista que hi ha en els aspectes més pragmàtics de la llengua. Podem aplicar la perspectiva de gènere i un judici crític en la fraseologia tradicional (*de Taurinyà, ni dona, ni ca*), en la quantitat d'eufemismes pejoratius que es fan servir per parlar de la regla (*bacallà amb samfaina* o *l'alegria de les casades*, de debò?), en el lèxic quan parlen de *dona fàcil* o de *dona pública* versus *home públic*; quan es diu la locució *fer-se home* ('fer-se una posició independent, obrir-se camí en la vida') versus *fer-se (una) dona*, que s'associa directament a tenir la regla i, per tant, poder tenir fills. Per no parlar de l'insult *malfollada*, perquè no existeix cap *malfollat*... Oh, però no us ho prengueu amb el sentit literal, dones! I què me'n dieu, de les entrevistes amb titulars en què destaquen sempre trets físics? Deixeu-nos en pau.

Assumim-ho, no tenim una desinència màgica amb què tothom se senti inclòs. Així que la idea, almenys la meva, és buscar solucions sense marca flexiva, mentre no hi hagi solucions forçades. Potser seria bo fer més tallers d'escriptura amb personatges que no s'identifiquin amb cap marca de gènere i provar de fer textos sense desinències, com a repte. Endavant amb formes genèriques sempre que sigui possible. A favor de *la canalla, la família, el personal sanitari, el cos d'auxiliars tècnics* o *la persona interessada*, quan calgui. Però cal vigilar perquè de vegades algunes formes s'allunyen de l'individu. *La ciutadania*, *el veïnat* i *la regidoria* no sempre són la solució a tot. Fins i tot, hi ha qui s'inventa «usuariat» per no dir *usuaris* o «accionariat» per no dir *accionistes*. No, sisplau, això també és dur-ho a l'extrem i no és sa. El mot genèric *persones* pot anar-hi bé, però també pot allunyar-se d'allò que volem dir i de vegades resulta carregós. Si diem *persones aturades* pot canviar totalment el sentit del que volem dir, oi? I quin sentit té canviar *tots els membres* per *totes les persones membres*? Posats a dir, inventem-nos *la membresia* (que per sort s'ha traduït per *filiació*).Tampoc no és bona idea parlar de «la descendència» per evitar dir *els fills*, en general.

M'agradaria que algunes autoritats de la llengua deixessin de fer veure que no passa res i que paressin de fer befa de la desinència en *-i*. Hi ha persones que no se senten incloses i que busquen maneres de dir-se. També hem d'entendre que no és un esnobisme ni un caprici d'uns quants, la desinència en *-i* (han proposat una marca de gènere fonèticament diferenciada de *a/e* i *o/u*). No és per satisfer cap rampell d'algú capritxós o inconformista. Però abans que posar-hi un *Atents i atentes!* o un *Atentis!*, podem pensar que de vegades hi ha noms sense desinències que inclouen tothom, com ara *Atenció!* Abans que dir *Bon dia a tots i a totes* o *Bon dia a totis*, potser amb un *Bon dia* ja fem. Per mi la forma més revolucionària és la que no conté desinències perquè s'adreça a totes les persones, binàries i no binàries. Cal valorar sempre cada context i tenir sentit comú. Si en una aula hi ha majoria de dones, tampoc no ens hauria de molestar que es faci servir el femení plural. Entenc l'ús del femení genèric o de la desinència en *-i* com un acte reivindicatiu, sempre que no provoqui ambigüitats quan comuniquem una notícia. Però no tots els contextos són clars i senzills i, òbviament, hem vist massa desgavell quan no es domina la llengua.

No es tracta de canviar la realitat social canviant la llengua, sinó de trobar una manera que permeti expressar-se còmodament a tothom. És cosa de tots, també és cosa de l'Institut d'Estudis Catalans mirar-s'ho amb bons ulls i establir una mica d'ordre, tot i que em consta que consideren que no és un tema de la normativa. No ho solucionarem perquè l'IEC hagi incorporat recentment la flexió del càrrec de *gerent* (per fi podrem dir, col·loquialment, *ets una gerenta intel·ligenta!*) o perquè certs col·lectius vagin reivindicant termes com ara *monomarental* per *monoparental*; *donanatges* per *homenatges*... Ser funcionals amb la llengua no és incompatible amb la lluita feminista ni amb la igualtat de drets de tothom. Pensem-hi.

53 El tercer gènere (gramatical)

Wendy Elvira-García
Universidad Nacional
de Educación a Distancia (UNED)
@wendy_elvira

Tinc una intuïció. I no tinc cap estudi per avalar-me, però m'agradaria deixar aquesta hipòtesi aquí, per si algú s'anima a falsar-la.

En els primers temps de l'ús del desdoblament, els lingüistes advertien que arribaria un dia que, després de dir tant «nens i nenes», cridaríem «nens, a sopar!» i les nenes no vindrien. I crec que això ja ha passat i ha passat tant que aquelles persones que no se senten ni nen ni nena, han hagut d'exigir una forma nova, perquè no estan inclosos en cap d'aquests col·lectius: el pronom «elle» i el neomorfema {-e}, «professore» (també s'ha proposat «elli», {-i}).

El neomorfema m'agrada, m'agrada sentir-lo, m'agrada veure com es fa servir, però jo no crec que sigui una forma no marcada, ans el contrari. Justament crec que ha nascut perquè tota una generació ha vist que (només en cas d'alguns noms) els seus professors (no crec que els seus pares ho fessin) no tenien un no marcat. En canvi, feien servir el masculí i el femení i, llavors, ells on quedaven? Necessitaven una classe nova. Però el resultat d'això ha estat la creació d'un morfema marcat (i molt!). És el morfema que fan servir les persones no binàries o millor dit que es fa servir per a les persones no binàries. I, a més, el seu ús està restringit a un grup social i a uns registres concrets.

Un dels comentaris que més veig a Twitter per part dels professors que fan servir aquest gènere és que el fan servir per si de cas a la seva classe hi ha algú que no se sent identificat amb el masculí i femení. Infereixo, per tant, que són professors que fan servir el desdoblament de manera sistemàtica. No tindrien aquest problema si fessin servir un no marcat.

Què voleu que us digui, jo també crec que el desdoblament pot ser discriminatori i soc conscient que s'ha fet servir sempre, com un tret estilístic, com un recurs. Però és que el masclisme també s'ha fet servir sempre i, si no té paraules o morfemes per expressar-se, se les inventa. Per això mateix l'única cosa que necessitem és un no marcat, que és el que ens demanen les llengües, totes. I aquest no marcat hi haurà gent que el farà servir per a usos sexistes i hi haurà gent que el farà servir per a la inclusió.

Però, quin pot ser aquest no marcat?

Una de les primeres coses que ensenyem a lingüística és la diferència entre llengües naturals i artificials (com la notació matemàtica o els llenguatges de programació) i planificades (com l'esperanto). Les característiques de les llengües naturals inclouen que són eminentment orals (o signades), encara que algunes es puguin representar mitjançant l'escriptura; canvien de manera natural (no tenen res a veure amb les acadèmies), i s'adapten al territori i la societat que les fa servir. O les adaptem.

Però des de sempre hi hagut intents de planificar les llengües naturals i és, en part, el que fan els estàndards. El problema rau a decidir quan una forma lingüística pot entrar a l'estàndard, quan és apta perquè la faci servir tothom. La discussió no és trivial i, de fet, dona molts disgustos a entitats com l'IEC o la RAE.

Si de veritat el català necessita un no marcat nou, sorgirà des de les bases, s'estendrà per grups socials i ho farà al seu ritme, sense imposicions. Ara mateix la gramàtica de la major part dels parlants no fa servir aquestes formes i no desdobla. Malgrat això, potser la llengua s'està adaptant a una nova realitat social; si és així, necessitem temps per veure el canvi. I si el canvi té èxit, no caldran mítings, ni llibres d'estil, perquè que jo sàpiga el català és una llengua natural, no una de planificada, i a mi m'agradaria que continués així.

54 La teva incomodidat és la meva dignitat

Eva J. Daussà

Universitat de Groningen (NL)
e.daussa@rug.nl

M'especialitzo en parlants multilingües d'aquells que en diuen d'herència. Per dinàmiques sociolingüístiques vàries, són parlants que mai no reben instrucció escolar en algunes de les seves llengües, així que les desenvolupen imitant el que poden i mobilitzant el seu coneixement gramatical divers per completar-ne la resta.

Aquests parlants estan acostumats a sentir-se dir que no parlen bé. Com gairebé tothom, és clar, però és que ells parlen *encara pitjor*, perquè les seves *errades* es deuen a la porositat gramatical de la seva constel·lació lingüística particular, i no a una llista de barbarismes més frequents. Sabem que el cervell multilingüe, més que anar saltant d'una llengua a l'altra, les manté totes contínuament activades, com quan en el famós miratge veus el conill i l'ànec alhora formant una unitat multidimensional, encara que si t'hi poses siguis capaç de fixar-te en un de sol. Quan els manca una paraula o dubten en una estructura, per tal de garantir-ne la comunicació els parlants multilingües fan ús de qualsevol recurs existent en el seu repertori lingüístic, sense parar massa atenció a les fronteres entre llengües, i tot fent els reajustos que calgui per mantenir dempeus l'edifici gramatical. Per això sovint sembla que barregen llengües, quan en realitat per a ells no és sinó un tot multidimensional amb parets poroses i línies sinuoses. Aquests jocs gramaticals fluids estableixen una complicitat profunda entre els qui els fan, i fins i tot poden ser un símbol de llibertat i d'afirmació d'una realitat híbrida o plural.

A mi m'incomoda, com a tothom, tot allò de les duplicacions, els morfemes *x* impronunciables, o d'altres fent-hi servir vocals alternatives. Des del punt de vista estructural, és cert que la correspondència entre morfologia de gènere i sexe biològic és un miratge, i per tant no hi ha res a canviar. També (per exemple) els lingüistes anglòfons es deixen la veu dient allò que la doble negació suma una afirmació, quan negar doblement és un tret gramatical propi no només de les llengües romàniques (per exemple), sinó de milions d'angloparlants monolingües (passats i presents) que tanmateix tenen molt clar quan volen dir que sí o que no. Els lingüistes encara sabem que tenim raó; però potser és una raó que no ve al cas.

El que sí ve al cas és que per a certs parlants és important, gairebé lingüísticament vital, que n'adaptem la morfologia per reflectir un canvi (que afortunadament pren força) en el reconeixement de les diverses identitats sexuals i en les relacions entre els diferents gèneres socioculturals. Des d'aquest punt de vista, la meva incomoditat (gramatical o d'hàbit) em sembla un preu molt minso comparat amb el que significa no (deixar) fer-ho. Al cap i a la fi, no es proposa cap innovació gramatical que no existeixi ja en el conjunt de les llengües del món. Aprofitar aquests recursos gramaticals presents en l'herència lingüística global i ajustar-ne el sistema, és el que veig cada dia en els meus parlants multilingües, que a més mundialment són els més nombrosos. I és el que fa que conservin una llengua que, si no permetés aquesta flexibilitat, els faria més nosa que servei.

I doncs el tema es redueix a respectar la proposta de gramaticalitzar un canvi social. Crec que cal fer-ho; i no només perquè és inescapable, sinó pel que suposa de crear una petita illa d'amabilitat en un oceà immens d'exclusió, rebuig, descrèdit i estereotipació. Una petita incomoditat per a un gran guany en dignitat —la de totxs.

DEL DISCURS A LA CONVERSA

55 Altres vies

Irene Yúfera

Professora associada Dept. d'Educació Lingüística i Literària i Didàctica de les Ciències Experimentals i de la Matemàtica. Universitat de Barcelona
iyufera@ub.edu

Cada generació repensa el món on viu; la nostra, també. Ho fa a través d'algunes lents, com ara la que posa el focus en les relacions entre dones i homes. Mirem al voltant amb aquesta lent i el que trobem és encara desigualtat: els biaixos i els estereotips que pesen sobre les dones, la bretxa salarial, el salt entre el que poden somiar les nenes i els horitzons que es plantegen els nens, la violència contra les dones en totes les seves formes... Ens cal actuar per canviar les coses, i busquem com fer-ho.

Des d'aquest desig d'igualtat, s'impulsen recomanacions de canvis en les llengües. Per un costat, és un recurs massa fàcil: tal i com s'està proposant, es tracta de fer alguna modificació en el codi que sovint es redueix a desdoblar les formes que tenen morfema de gènere. Alhora, és massa difícil: cal molt esforç per canviar hàbits en la nostra manera de fer servir la llengua quant a les marques de gènere, desenvolupada en els primers anys de vida.

D'altra banda, aquests canvis que es plantegen per al codi amb què ens comuniquem presenten alguns perills, com ara, entre d'altres: 1) no anar més enllà de petites modificacions «cosmètiques» que ens deixen la consciència tranquil·la, de manera que no cal que pensem ni fem res més; 2) ser accions que només afecten el nivell simbòlic del món, sense incidir en el real; 3) generar formes discursives fàcilment parodiables per part de qui s'oposa a la reflexió sobre les desigualtats de gènere i a les accions per reduir-les i eliminar-les.

A més, el que s'ha convertit en el més emblemàtic d'aquests canvis recomanats, el desdoblament de gènere, té clares limitacions avui, quan el binarisme dona-home ja no se sosté, i resulta impossible que a les llengües hi hagi marques formals per a totes les identitats de sexe o gènere, classe, cultura, diversitat funcional...

Però volem actuar per construir una societat més igualitària. I cal fer-ho, sens dubte. Si hi pensem, podem trobar altres vies per impulsar el canvi des de les nostres maneres de comunicar-nos. Alguns exemples:

- Fem servir formes de tractament no discriminatòries: no ens adrecem a les dones pel nom i de tu en els mateixos contextos en els quals als homes els diem pel cognom i de vostè.
- Evitem el genèric que ho sembla però no ho és: **A la reunió hi havia molts responsables d'equips i també moltes dones.*
- No reforcem estereotips: **Aquest projecte el porta una dona, però està funcionant molt bé.*
- Parem esment no en el codi, sinó en els contextos comunicatius en què el fem servir. Per exemple:

  - Plantegem ofertes de feina i proves d'accés a formacions o a activitats professionals facilitant que s'hi presentin les dones, que sabem que només es postulen per a places per les quals compleixen molts més requisits que els que els homes necessiten complir per presentar-s'hi.
  - En reunions mixtes en àmbits públics o professionals, vetllem perquè les dones siguin escoltades amb la mateixa atenció que els seus col·legues i prenguin la

paraula no només per expressar acord amb la intervenció d'algú altre, sinó per aportar idees i coneixements.

- En temps de textos multimodals, fem servir imatges i icones que mostrin les dones en rols no estereotipats. Fa un parell d'anys, en la web d'una popular autoescola només hi havia desdoblaments de gènere i una foto d'una dona al volant en un apartat: el dedicat a l'amaxofòbia o por a conduir! Les dones no volem que se'ns faci visibles de qualsevol manera!
- I, en l'àmbit acadèmic, en els articles i materials docents podem escriure les referències bibliogràfiques amb els noms de pila dels autors per extens: veurem quantes dones hi ha treballant en les nostres disciplines.

56 *La problema és femení

Elisa Rosado
erosado@ub.edu

No és veritat. Malgrat les aparences, el problema és clarament masculí, i quan dic les aparences vull dir la *a* final que coincideix amb el morfema que, en llengües romàniques com el català o el castellà, indica gènere, femení. És un clàssic: els aprenents de segona llengua (L2), de procedència, formacions i actituds diverses, erren en la tria de l'article o en l'establiment de la concordança amb l'adjectiu. Si et saps la morfologia regular, l'elecció és prou clara: s'aplica la regla més profitosa, la que funciona en la majoria dels casos, i llestos. Però no, aquesta *a* final, traïdora, té una altra història i aquesta regla no serveix; els aprenents de L2 cauen sovint en aquest parany, encara que siguin parlants solvents i experimentats. De fet, la morfologia funcional és el desafiament més gran per als aprenents adults d'una L2, un embús ineludible i gairebé perpetu. Això és així.

Per als nens no. Per a admiració i/o desesperació dels adults, els nens petits —que ho han après tot sense adornar-se'n, mentre juguen i parlen amb qui hi hagi al seu voltant— no tenen aquest problema. I si (mai) el tenen, els passa ben aviat. No necessiten que vinguin a explicar-los quin morfema han de triar, que ja se'l trien tots sols i saben també per a què serveix l'article. Els seus coneixements morfològics els permeten interpretar, sense dubtar, per exemple, que si el lleó viu a la sabana, les lleones també hi viuen... què farien sense elles? I que si hi ha una reunió de pares, les mares hi aniran, perquè també estan convocades. Aquest coneixement, infal·lible i inconscient, queda a la infantesa fixat per sempre, part estructural i immutable del seu coneixement lingüístic sobre la seva llengua, o les seves llengües. I això no es toca.

El llenguatge creix amb el nen, és clar, i viceversa. I la seva experiència lingüística camina paral·lela al seu recorregut vital: el seu desenvolupament cognitiu, social i emocional, la seva incorporació a la vida escolar i professional suposen l'aprenentatge d'usos lingüístics que l'identifiquen com un parlant competent. És en aquests anomenats desenvolupaments tardans on l'individu té, diguem-ne, alguna cosa a dir. Les nostres opcions retòriques sí que són nostres i inclouen el vocabulari que fem servir o la forma en què intervenim en una conversa o expliquem un conte. Aquí podem actuar amb intenció, amb premeditació i consciència, i decidir que no farem servir més aquest adjectiu o aquesta expressió, que no repetirem aquell refrany o que evitarem explicar aquell acudit, que no té ni punyetera gràcia. El lèxic s'aprèn, s'emmagatzema i es recupera d'una forma molt diferent de la morfologia o la sintaxi; les rutines d'interacció i convencions pragmàtico-discursives es defineixen necessàriament en funció del context sociocultural en el qual tenen lloc. Sobre tot això sí que podem actuar, editant-nos per evitar allò que ens repel·leix perquè és classista, racista o masclista, o tot alhora.

Per sort, els nivells de llengua sobre els quals podem exercir la nostra capacitat de decisió són, a més, els que estan carregats de contingut, per a bé o per a mal. Actuem, doncs, des del compromís amb l'ús conscient de la llengua, contra l'exclusió i la violència que es perpetra envers les dones, les diversitats sexuals i de gènere, envers els joves i els laboralment inestables amb les armes que tenim, però ni la culpa ni la solució es troben en un morfema. El culpable és un masclisme estructural i endèmic que continua formant homes i dones masclistes, que cria nens que, ara sí, tenen un argument per dir a les nenes que no poden anar a jugar a futbol perquè la mestra, pobra, «ha dit que podem sortir tots al pati, no ha dit tots i totes!». Ara ja poden quedar-se tranquil·lament amb el pati i la pilota. És veritat, hi ha un gran problema de fons, estructural, social, educatiu i de classe... però el problema no és femení, ni tampoc és lingüístic.

57 Més enllà del desdoblament: cap a una comunicació igualitària

Estrella Montolio Duran
Catedràtica de la Universitat de Barcelona
emontoliod@ub.edu
@emontoliod

La reconeguda invisibilització de les dones, encara ara en les nostres societats, té un correlat en l'ús del llenguatge. Aquesta invisibilització lingüística és la que intenten minimitzar, amb més o menys encert, les iniciatives lligades a l'anomenat «llenguatge inclusiu». Però el que és més important: la invisibilització femenina té un reflex evident en com es desenvolupen bona part dels intercanvis comunicatius entre homes i dones als espais públics, on la veu de les dones sovint és també silenciada.

Com sabem, els estereotips de gènere, encara ben arrelats entre nosaltres, atribueixen expectatives diferents als homes i a les dones respecte de com han de comunicar. Així, s'espera que els homes siguin assertius, autoconfiats, ferms, compromesos amb la feina, que exerceixin el lideratge d'una manera natural. En canvi, de les dones s'espera que siguin comunicativament amables, que somriguin, que no lluitin pel torn de parla, que no mostrin excessiva ambició per fer aportacions de contingut, que facin contribucions col·laboratives del tipus «sí, sí; és veritat», «d'acord; molt bé». En suma, els grups esperen i premien les dones que es comporten de manera «femenina», encantadora i discreta. I ara sabem de manera empírica que els grups castiguen les dones que tenen actuacions comunicatives diferents, més assertives, a les quals, ràpidament, hom titlla de «massa prominents».

De fet, les característiques comunicatives tradicionalment relacionades amb el lideratge, l'autoritat i el poder (assertivitat, seriositat, rigor, fermesa, aconseguir i mantenir el torn de parla, aportar amb convicció propostes i opinions, etc.) es continuen relacionant amb trets comunicatius propis dels homes.

El que mostren els treballs internacionals (i corrobora la meva experiència en l'assessorament de centenars de dones i homes amb responsabilitats directives) és que als espais públics, com ara debats televisius, reunions professionals, mítings organitzatius, claustres acadèmics, congressos (aules!), etc., les dones:

- Intervenen en menys ocasions que els seus companys homes.
- Quan ho fan, formulen intervencions més breus (és a dir, utilitzen menys paraules).
- Són interrompudes en més ocasions que els seus col·legues masculins.
- Sovint fan propostes que cauen en el silenci i la indiferència (però, en canvi, de vegades, quan la mateixa proposta es recollida uns minuts després per un col·lega masculí, ell, contràriament, rep l'aplaudiment del grup. Aquest fenomen és conegut en la bibliografia especialitzada com a «idees pirata»).
- Tendeixen a intervenir amb torns menys assertius, amb signes de dubitació, com allargaments, flexions verbals en condicional, circumloquis o els anomenats *prefacis d'autodisminució ritual* («Bé, aquesta no és exactament la meva especialitat, però crec que...», «Segurament algú de vosaltres ja ho ha pensat abans, però diria que...) mitjançant els quals les dones demanen perdó abans de fer una aportació.

En suma, podríem dir que les dones s'autosilencien i són silenciades amb molta més freqüència que els homes. De fet, com proposa la investigadora Mary Beard, sembla existir una *sordesa selectiva cap a la veu de les dones.*

Les expectatives de com «s'han de» comunicar ells i elles llastra el desenvolupament i la promoció professional de les dones cap a posicions d'autèntic lideratge i suposa una autèntica sagnia per al talent de l'organització, que perd una part de la intel·ligència col·lectiva, que no és prou esperonada per mostrar-se i, quan ho fa, no és escoltada en condicions equitatives respecte dels companys homes.

Més enllà de desdoblar de manera rutinària els nominals que ho permeten, és molt important que prenguem consciència de com aquests biaixos comunicatius impedeixen portar a terme una comunicació igualitària.

EL LÈXIC I ELS MORFEMES

58 Ladies and Gentlemen

Lourdes Romera Barrios
Departament de Filologia Catalana i Lingüística General. Facultat de Filologia i Comunicació. Universitat de Barcelona
lromera@ub.edu

Tipològicament el gènere és una categoria gramatical que està present en menys de la meitat de les llengües, segons Corbett un 56,5 % no presenten gènere. Aquesta categoria gramatical classifica els substantius; en català, p. ex., els tenim classificats entre els que davant poden portar «el» i els que poden portar «la». Si com a resultat d'aquesta classificació parléssim de substantius *Classe el* i substantius *Classe la*, només hauríem de preguntar-nos quins criteris s'apliquen per assignar-los a una classe o a una altra. Si la resposta és que l'assignació a cada una d'aquestes dues classes és purament arbitrària, el tema o el problema ja estaria acabat.

Però en realitat dista molt de ser així, una qüestió és el gènere gramatical en les llengües que el posseeixen, i la seva tipologia: nombre de gèneres, criteris d'assignació de gènere, i una altra el sexisme, fet social i cultural, que s'ha «barrejat» amb les formes de gènere masculí i gènere femení en les llengües que presenten aquests gèneres.

Un fet en què fem èmfasi els professors de lingüística és que el gènere gramatical no té una relació directa amb el sexe biològic. Identifiquem el gènere a través de la concordança amb els determinants, adjectius, numerals o verbs, entre d'altres. Les diferències que s'estableixen en la categoria del gènere afecten el nombre de gèneres (des de dos fins a vint) i els criteris que s'apliquen per a la seva assignació (semàntics, formals). En les llengües que només presenten gènere masculí i gènere femení, el masculí funciona com a gènere no marcat perquè és inclusiu, per exemple, «fills» (els fills d'en Pere) inclou tant fills com filles, mentre que el gènere femení «filles», que és la categoria marcada, és exclusiu, no inclou l'altra categoria com sí ho fa el masculí. Però aquesta relació masculí no marcat i femení marcat no és universal ja que es coneixen algunes llengües com el wayuunaiki (o guajiro) i l'iroqués en què la relació és just la contrària: la categoria no marcada és el femení.

Com totes sabem, des de certs estaments polítics i socials s'ha pretès *visibilitzar* les dones a través de la llengua, decidint que l'ús genèric del masculí és sexista i imposant un anomenat llenguatge inclusiu en el qual junt al masculí, quan el referent és una persona, ha d'aparèixer la forma femenina: *els fills i les filles d'en Pere*. Aquest desdoblament suposa una modificació en la morfologia, però els canvis d'aquest tipus quan es donen en les llengües ho fan d'una manera espontània, en cap cas imposats arbitràriament pels usuaris o els legisladors. A més a més, aquests desdoblaments en moltes ocasions tenen una interpretació contrària al mal que pretenen evitar, o ni tan sols desdoblen tot el desdoblable. I com a mostra un parell d'exemples. En una recent convocatòria oficial de projectes d'investigació s'indicava literalment que: «Els projectes poden ser liderats per investigadors o investigadores consolidades», del que es dedueix que als investigadors no se'ls exigeix ser consolidats. Una pancarta davant d'una escola: «Mares, pares i mestres junts en defensa de la qualitat de l'escola pública», el desdoblament preconitzat hauria de ser: *mares, pares, i mestres i mestres, junts i juntes.*

En definitiva, la discriminació cap a les dones és social i cultural, no és lingüística, i aquesta discriminació no es modificarà amb l'argument que l'ús del gènere (gramatical) masculí invisibilitza les dones. Fins i tot pretenent evitar la invisibilització, els desdoblaments que hem de suportar, situen (casualment?) la forma masculina en primer lloc, mai parlen de professores i professors, l'ordre establert ni tan sols és alfabètic: professors i professores.

P. D. Afortunadament, en més d'un any de pandèmia a ningú se li ha acudit parlar de contagiats i contagiades.

59 Senyors i senyoros: el gènere com a procés derivatiu

Cristina Real Puigdollers
Universitat Autònoma de Barcelona
cristina.real.puigdollers@uab.cat

Moltes de les tesis que es defensen des dels moviments feministes respecte del llenguatge inclusiu se centren en la intuïció que tenen els parlants que el gènere gramatical es correlaciona amb una representació simbòlica del sexe o del gènere cultural, que anomenaré $gènere_2$ per evitar confusions. El meu objectiu és modest: defenso la idea que, en llengües com el català, el gènere és un mecanisme morfològic proper a la derivació, amb una capacitat expressiva que va més enllà del $gènere_2$.

Des de la lingüística, s'entén el gènere com un sistema de classificació nominal que es correlaciona, a més, amb una relació de dependència sintàctica anomenada concordança. El català és una llengua amb gènere, que té un sistema mixt d'assignació dels substantius a classes nominals. Això és, l'assignació a una classe nominal masculina o femenina depèn de criteris semàntics i formals. Per exemple, en doblets com *doctor/doctora*, per exemple, l'assignació a una classe o a una altra depèn de l'adscripció del referent a un $gènere_2$ determinat. Tanmateix, altres substantius es classifiquen com a masculins o femenins independentment del significat. Així, tenim paraules com *conte* però *novel·la,* o els substantius epicens com *víctima* o *individu*, que no tenen interpretació de $gènere_2$.

Que l'oposició de gènere no vehicula sempre una interpretació de sexe o $gènere_2$ s'observa clarament en una llengua com l'asturià.[1] En asturià, hi ha doblets com *ventan-u/ventan-a*, que il·lustren l'ús de l'oposició masculí/femení per expressar una diferència de mida o forma; *cuern-u/cuern-a*, que expressa la distinció entre referència individual o col·lectiva; finalment, *chaquet-a/chaquet-u*, en què el sufix de masculí funciona com un sufix pejoratiu. En definitiva, el gènere permet expressar altres matisos semàntics (associats amb la mida, la forma i la distinció individual/col·lectiu) diferents del gènere$_2$.

De manera semblant, en català podem crear nous significats a través de canvis en la morfologia de gènere, a partir de tres mecanismes: 1) canviant l'adscripció de gènere (ex. *hortØ/hort-a*); 2) canviant només els morfs de gènere (*sol-Ø/solo; metr-e/metr-o; flor-Ø/flor-a*); o 3) canviant la classe nominal sense canviar els morfs (*el mar-Ø/la mar-Ø*). Si assumim que darrere dels doblets tipus *ganivet-Ø/ganivet-a* hi ha el mateix procés morfològic que darrere dels doblets *amic-Ø/amig-a*, podem afirmar que el gènere en el substantiu és un procés derivatiu que genera nous significats, associats amb la forma (*hort-Ø/hort-a*), la mida (*culler-a-cullerot-Ø*) o el gènere$_2$ només en un conjunt limitat d'elements nominals. Des d'aquesta perspectiva, l'asturià i el català no són sistemes tan diferents. Igualment, considero que aquest mateix procés morfològic permet crear algunes innovacions lèxiques recents, com els doblets *senyor-Ø/senyor-o* (mecanisme 2); cast. *marido/marida* (mecanisme 1) o (3) *terf-Ø/terf-a* (mecanisme 2; en oposició a una *terf*, acrònim de l'anglès que designa de forma despectiva un tipus de feminista que exclou del moviment el col·lectiu trans), entre d'altres. És interessant fer notar que

1. Agraeixo al meu amic Xico Torres, i a la seva obsessió amb aquesta llengua, la majoria dels exemples.

en tots tres exemples la morfologia de gènere no altera la interpretació de gènere$_2$.

En definitiva, la morfologia de gènere en les llengües humanes, i en concret en català, ens permet crear significats nous que no estan isomòrficament relacionats amb el gènere$_2$. Malgrat que tal com afirma Corbett (2013)[2] el sexe i el gènere$_2$ constitueixen els trets semàntics centrals de classificació de les llengües amb gènere, la relació no és pas unívoca. Això es fa palès de forma evident en les innovacions lèxiques dels parlants, que ens informen sobre el paper del gènere en la gramàtica i la seva capacitat expressiva, que depassa l'àmbit del gènere$_2$.

2. Corbett, G. G. (2013). *The expression of gender*. Berlín/Boston: De Gruyter.

60 Gènere i sexe, encara hi ha més a dir-ne

Maria-Pilar Perea
Universitat de Barcelona
mpilar.perea@ub.edu

Quan vaig cursar Morfologia a la Facultat de Filologia de la UB vaig aprendre que hi ha substantius, com ara *col*, que tenen un gènere immanent, és a dir, que es caracteritzen com a femenins en el component lèxic, el gènere dels quals, però, no es manifesta, en el component superficial, amb una marca morfològica. A més, al marge de la immanència, derivada en alguns casos de l'etimologia, el gènere pot presentar una discrepància interdialectal (*el tomàquet*, en algunes àrees; *la tomàtiga*, en unes altres) o interlingüística (*la xocolata* vs. *el chocolate*); és, doncs, d'alguna manera, arbitrari. En aquells moments a ningú se li havia acudit adoptar el desdoblament masculí i femení, ni molt menys fer servir els col·lectius per evitar les seqüències tan enfarfegoses que aquests doblets generen. Tampoc no es feien (tantes) referències explícites a les existents i constatables situacions de desigualtat social i professional entre homes i dones.

Els moviments feministes fa molts anys —segles, com a protofeminisme— que existeixen, i lluiten per promoure la igualtat de drets de l'home i la dona. I, des dels àmbits polític i jurídic, s'obliga els poders públics a promoure les condicions necessàries perquè aquesta igualtat sigui efectiva.

Cal admetre que, en la ruta vers la igualtat, s'han fet certs progressos. Llegia no fa gaire que, en la carrera judicial, el 53 % són dones; així com, almenys en el meu cas, la majoria de metges amb qui he tingut relació també ho són. El mateix es pot dir de la presència femenina en la recerca científica.

Però, a part d'aquests assoliments, la veritat és que es continuen perpetuant flagrants conductes de desigualtat: entre altres, els acomiadaments improcedents o la diferència de sou que encara existeix entre homes i dones que desenvolupen el mateix ofici.

Aquestes són les desigualtats més cridaneres a les quals, a banda de denunciar-les, ningú no hi posa remei. És comprensible. Les desigualtats nuclears són molt difícils, per múltiples interessos de moltes menes, d'erradicar. Què és més senzill, visible i estrident? Sens dubte és molt més fàcil fer el joc d'equiparar feminisme, amb tot el que implica, inclòs el sexe, amb gènere, considerat des de la perspectiva de categoria gramatical. El model, que se segueix cegament, de manera gregària i acrítica, és el de l'anglès (el que ve de fora sempre és millor), el qual presenta profundes discrepàncies amb l'estructura interna de les llengües romàniques, que tenen un marcatge de gènere ostensible.

Aquesta visibilització, inútil quan no escau, que arriba a l'esperpent, actua com un núvol de fum. Amaga la trista i perpètua evidència de la desigualtat substancial i roman en el folklorisme i en la superficialitat. Es té, però, en segons quines esferes, la sensació que es fan coses, i moltes, simplement pel fet d'afegir una «a». En efecte. Per començar, es deforma la realitat, es falseja la història, es forcen estructures innecessàriament i es creen constructes pintorescos (*Santa Jordina*, *les segadores*). I el que és més lamentable, s'entumeixen el coneixement i la capacitat crítica.

És cert que els temes relacionats amb el feminisme, el gènere i el sexe són complexos. En algunes campanyes publicitàries les dones encara continuen sent un objecte, sense que ningú no posi el crit al cel. Això també és un marcatge. I em sorprèn que aquesta sexualització hagi arribat també a algunes professions. Penso ara en una pianista d'origen georgià, d'indubtable virtuosisme, que usa, en les seves actuacions, un estilisme dominat per l'escassesa de roba. I, com que el mimetisme funciona, aquests dies s'anuncia a Barcelona un concert de Beethoven on la intèrpret, una meva admirada violinista alemanya, gairebé sexagenària, es presenta d'esquena amb un escot pronunciadíssim que eclipsa l'instrument que té a la mà esquerra. És clar que no cal que vagi vestida amb un hàbit, però sobta que això succeeixi en la música, aquest art en el temps, que impacta el cervell a través de l'oïda, i del qual es pot gaudir amb els ulls tancats. No sé què passaria si aquesta sexualització es produís en el cas dels intèrprets. No puc —ni vull— imaginar el qui considero el millor clavecinista del món, presentant la seva interpretació de les *Partites* de Bach anant lleugeret de roba o portant un tanga. Potser algú em dirà, i té raó, que tothom pot fer el que vulgui.

Doncs bé, partint de la llibertat, crec que no hem d'estar obligats a seguir aquest desdoblament de gènere o a aplicar unes falses feminitzacions. O, ¿potser hauríem de dignificar aquest vegetal, *la col*, afegint-hi la marca de femení? D'ara endavant, doncs, ¡diguem tots *la cola*! Crec fermament que el paper i el valor de la dona han d'anar molt més enllà de ser una mera quota, una simple paritat o una trista marca de gènere. I no crec, tampoc, que la (rei)vindicació comenci per aquí.

61 Selecció lèxica en el llenguatge políticament correcte

Mercè Lorente Casafont

Universitat Pompeu Fabra
i Institut d'Estudis Catalans
merce.lorente@upf.edu
@Casafont_R

En resposta del convit que ens ha fet M. Carme Junyent de participar en aquest llibre sobre les recomanacions de gènere, m'agradaria comentar que l'extensió del moviment del llenguatge políticament correcte l'ha acabat reduint a l'expedició de receptes automàtiques poc reflexives. I aquesta n'és la gran paradoxa.

Les funcions del llenguatge políticament correcte són evitar l'estigmatització, visibilitzar i lluitar contra la discriminació. És evident que cal visibilitzar tots els col·lectius que pateixen discriminació, menysteniment dels drets fonamentals o manca de reconeixement. Per evitar l'estigmatització de certs col·lectius i la discriminació de les persones que en formen part; o, si ho preferiu en positiu, promoure'n la inclusió social i defensar-ne la igualtat de drets, és primordial escoltar la veu dels afectats. La motivació de tot plegat és, doncs, el reconeixement i el respecte per l'alteritat. No sembla una idea gaire nova, en tot cas té més anys que el moviment del llenguatge políticament correcte.

Les llengües ho permeten tot, són els parlants qui trien què comuniquen i com ho fan. Qualsevol llengua permet parlar de les seves pròpies realitats socials; i, si no ho fa, les causes són ideològiques o religioses (tabús) però no lingüístiques.

I arribem al cap del carrer. Les recomanacions que emanen dels moviments de llenguatge políticament correcte solen ser substitucions lèxiques, com *persona amb ceguesa* en comptes de *cec*, *persones amb diversitat funcional* per *persones discapacitades*, *persones amb problemes de salut mental* en comptes de *malalts mentals* o *bojos* o *personal d'infermeria* en comptes d'*infermeres* o *infermers*, o amb noves expressions com *persones racialitzades* o *famílies monomarentals*. Hi ha substitucions raonables perquè la forma rebutjada es considera un insult, d'altres són més discutibles. Pensar que qualsevol paraula de la llengua construïda amb un prefix o un formant culte negatius o de reversió (*in-*, *des-*, *dis-*, *minus-*) queda connotada negativament és, com a mínim, exagerat. L'eliminació de prefixos direccionals, com en el cas d'*immigrant* substituït per *migrant*, només restringeix el significat a la idea que els migrants es traslladen d'un lloc a un altre. Si parlem de les persones que han arribat aquí provinents d'altres llocs, per què no en podem dir *immigrants*? Per què és preferible *persona amb ceguesa* que *invident*? En les propostes benintencionades també hi ha errors lingüístics (*monoparental* no té res a veure amb *pare*), desconeixements del context (el col·legi oficial corresponent recorda que el personal d'infermeria inclou professionals que no són infermeres) o, fins i tot, propostes inversemblants (les persones no poden «racialitzar-se»; tothom té «diversitat funcional») o que produeixen l'efecte contrari del que es volia aconseguir (les *persones racialitzades* són les que no tenen la pell blanca).

Les recomanacions lèxiques del llenguatge no sexista es concentren bàsicament en la preferència de substantius referits a col·lectius (*famílies*, *alumnat*, *professorat*) davant de substantius individualitzables, sense tenir en compte que l'ús sistemàtic del nom col·lectiu no sempre és adequat i pot arribar a ser discriminatori. Un altre recurs abundant és l'ús de sintagmes amb el nucli *persona* (*persona destinatària*, *persona afectada*, *persona contagiada*) en comptes dels adjectius nominalitzats corresponents, que no té cap justificació semàntica (els destinataris o les contagiades no deixen de ser persones), és poc natural gramaticalment, i s'ajusta a un registre comunicatiu molt formal.

Per tant, benvinguda sigui qualsevol reflexió sobre les accions comunicatives institucionals o públiques. M'està bé que certes institucions o empreses recordin als seus professionals que han d'evitar ser insultants, masclistes, racistes o fatxes. Ara bé, les recomanacions de receptes concretes de distribució universal i de to paternalista (com la *Guia de comunicació inclusiva* de l'Ajuntament de Barcelona), sense distingir contextos comunicatius ni registres, cal prendre-les amb prudència i de manera crítica.

LES ALTRES LLENGÜES

62 El gènere gramatical en xinès i el seu llenguatge inclusiu

Xiaomeng Wang
Universitat de Barcelona
hsiaomengw@gmail.com

El debat de gènere és efervescent a tot el món, i naturalment la Xina no pot ser exclosa d'aquesta tendència mundial. Durant els darrers anys, un nombre creixent de persones al món sinòfon s'han adonat que el gènere no és un assumpte o blanc o negre. Tot i que la majoria de la gent encara s'identifica com a home o dona, no tothom s'adapta a aquestes dues categories.

A mesura que evoluciona la nostra comprensió del gènere, també ho fa el llenguatge que fem servir per descriure'l. En el cas del xinès modern, pel que fa a la llengua, no hi ha cap gènere gramatical en xinès i és una llengua relativament neutral. En altres paraules, els noms, adjectius, verbs i adverbis xinesos no són femenins, masculins ni neutres.

Les diferències de gènere en xinès es reflecteixen principalment en el «sexe» i el «gènere social». El gènere fisiològic reflecteix les diferències físiques inherents. Per exemple, en xinès, els pronoms de tercera persona es divideixen en «ell» i «ella». Entre ells, «ell» amb l'ideograma 他 (pronunciat com *tā*) sol referir-se als homes (o l'opció predeterminada quan no s'indica la informació de gènere) i «ella» amb l'ideograma 她 sol referir-se a les dones.

Tanmateix, és una construcció relativament moderna. Durant gran part de la història de la Xina, la paraula va servir com a pronom sense gènere, que abastava pronoms femenins, masculins i neutres. Aquest aspecte el podem comprovar i trobar en els subgrups de les llengües sinítiques, que tenen una història més llarga que el mandarí. Veiem que «ta» sovint no té cap gènere, per exemple, en cantonès «ell/ella» és 佢 (*keoi*), i en xangainès és 伊 (*yhi*).

A causa de les creixents interaccions lingüístiques i culturals amb l'Occident, es va produir un canvi a principis del segle XX. A poc a poc, els parlants de xinès van començar a utilitzar 他 per referir-se només als homes, ja que el personatge conté el radical 人 (que significa «humà» o «home»), i 她 conté el radical 女 (que significa «dona»). En xinès, un radical és un component gràfic bàsic d'un caràcter xinès que confereix un significat lingüístic, a diferència d'una categoria o classificació en català. La pronunciació dels dos és la mateixa en les expressions orals i la diferència sol ser només distingida en expressions escrites. L'ús de 她 com a pronom femení no es va fer prevalent fins a la dècada de 1920, quan el moviment femení a la Xina va donar llum a la independència i la individualitat de les dones.

El gènere social es basa en el gènere biològic, desenvolupat gradualment sota la construcció de la cultura social, que es reflecteix en les característiques i comportaments del grup únic de diferents gèneres, o en les idees i opinions de les persones sobre diferents grups de gènere. En xinès, quan es parla d'una policia o una líder, tot i que el gènere pot no ser una informació necessària, la gent l'anomenarà habitualment «policia femenina» (*nü jing* 女警) o «líder dona» (*nü ling dao* 女领导). En certa mesura, això reflecteix el fenomen social que tradicionalment tenen els homes, els policies i els líders.

Amb la participació i la importància creixents de les dones en la societat, els xinesos també avancen amb els temps. Segons *Directrius per a un llenguatge inclusiu de gènere en xinès* (*zhong wen xing bie bao rong xing yu yan zhi nan* 中文性别包容性语言指南) de les Nacions Unides, el treball per fer que els xinesos siguin més inclusius en el gènere ha d'incloure l'eliminació dels prejudicis i la discriminació contra les dones, evitar expressions estereotipades de gènere i augmentar la visibilitat de les dones d'una manera més positiva. Les millors maneres o estratègies per ser més inclusius són:

- Utilitzar un llenguatge no discriminatori.
- Segons les necessitats de comunicació, es pot indicar el gènere del suposat objecte.
- Si no és necessari, no emfatitzar el gènere de l'objecte presumpte.

Esperem veure cada vegada més institucions i organitzacions construint estratègies des de la perspectiva de la igualtat de gènere en els països de parla xinesa. En aquell moment, la igualtat de gènere es convertirà en unes accions i mesures reals. El que discutim ara es convertirà en temps passat, i les institucions i organitzacions també guanyaran més respecte i creixement mitjançant crides a la igualtat de gènere i implementació d'estratègies.

63 Una dona sorda, al natural; el gènere signat

Marta Vinardell-Maristany

Psicopedagoga, mestra i logopeda.
Dona sorda al natural
@martavmaristany; mvinarde@xtec.cat

Sí, al natural soc una dona sorda. Sorda i punt. Com? Sorda, al natural, quan em llevo, em dutxo i vaig a dormir. I quan vaig en cotxe o transport públic. Quan no he d'interactuar amb algú en la llengua parlada, soc una sorda al natural. El *sonotone* el tinc guardat a la seva capseta. *Ah, ets oralista o signant?*, em pregunten. Ni una cosa ni l'altra. Soc una dona sorda. Una persona sorda. Amb segons qui parlo en català i amb altres signo en llengua de signes catalana. I amb pocs, faig una barreja, un *language mixing*. Les etiquetes me les posen erròniament els altres, els que es creuen superiors. Així que, soc multilingüe; i m'agrada sumar llengües tant orals com signades. Una llengua et fa obrir un món més. És important destacar que la llengua de signes catalana és independent del català, la llengua oral o auditivo-fonètica; és una modalitat visogestual de la llengua signada que s'empra a Catalunya. És la llengua natural dels nadius signants, que van creant els signes amb uns paràmetres formacionals i un ús predominantment visoespacial, que s'estandarditzen si hi ha una alta freqüència de producció. Les llengües signades són llengües precioses, dignes de ser protegides. La catalana, és patrimoni de Catalunya; i com el català oral, algunes llengües signades estan en risc d'extinció, lamentablement, per la colonització i el supremacisme de llengües amb més ús en nombre de parlants o signants. La signada és una llengua molt minoritària, molt condicionada; no és cap dialecte, com molts voldrien veure-la, de la *lengua de signos española*, tot i compartir parentiu dins la Península, com la francesa.

«I com es diu sorda en signes?», em pregunten sovint. Amb el dit índex, de la meva mà dominant, assenyalo l'orella —tocant el pavelló auricular— i tot seguit poso el dit al mig dels llavis. «I com es diu sord?»; igual. S'estranyen que no hi hagi el gènere sexista. Bé, sí i no. La llengua de signes catalana, com altres llengües de signes, té recursos per evitar el sexisme. En general hi ha molts signes que no tenen gènere, perquè s'empra el signe neutre i el sexe no està marcat. Si volem especificar que és una dona sorda per referir-nos a algú extern que no coneixem, amb els llavis sense vocalitzar —que seria una pista— podríem fer el signe de «l'arracada fent la pinça rodona al lòbul de l'orella de la mà dominant» més el signe de «dit índex tocant el pavelló auricular i acabant al mig dels llavis».

Tenim molts signes que fan referència a dones i a homes que són iguals com metgessa-metge, infermera-infermer, mestra-mestre, advocada-advocat... El component bucal de la llengua de signes pot vocalitzar la paraula en català (hi ha persones sordes que vocalitzen determinades paraules i d'altres —els que són més puristes— no ho fan tant, o quasi mai) i així identifiquem el gènere. Si no, afegim el signe de dona (forma d'arracada) o el d'home, que és posar el dit índex en forma de bigoti a sota del nas. En el cas dels signes de dona-home, semblen ser signes molt feminitzats i masculinitzats amb l'estereotip de l'arracada per a la dona i el del bigoti per a l'home. Hi ha cada vegada més homes que porten arracades, i dones que no es depilen el bigoti. Haurem de canviar el signe per referir-nos al gènere masculí i femení, a signes més neutres o despersonalitzats; costarà però és possible que d'aquí a alguns anys hi hagi alguna proposta d'emprar més recursos per a l'ús no sexista d'alguns signes. L'androcentrisme és encara molt present, arreu.

Des d'aquesta perspectiva, la llengua de signes, pel que fa al gènere, sembla que és una llengua una mica més inclusiva. Ja ho és com a llengua que permet l'accés a la comunicació i a la informació; però per referir-se a determinat lèxic que en català va precedit dels articles *la, el, els* i *les* surten signes genèrics. En català, evoquem els articles abans dels substantius lexicals; però en signes aquests articles, per emfatitzar si fem referència a una o més persones, podem adoptar el signe díctic, que adopta la configuració del dit acusador —l'índex. Assenyales «la» dona sorda amb el signe díctic abans, si vols fer-lo molt demostratiu, o bé fas diverses indicacions per dir «les» o «aquestes» dones sordes per referir-te al plural. En resum, la llengua de signes catalana compta amb menys expressions sexistes que el català, però que provenen de la mateixa llengua parlada, de l'educació rebuda i del context sociocultural. Una mena de sexisme social, més que sexisme lingüístic.

Segons el discurs —si és més formal o informal—, la pragmàtica o conversa, podem adoptar signes més neutrals o antipatriarcals; en discursos més formals tendim a dir «dones i homes» per donar cabuda a tothom. La lexicografia de la llengua de signes va creixent a mida que la societat va avançant en l'adopció de termes de nova creació. Els que són experts en llengua de signes també busquen la seva forma signada, procurant complir amb la seva normativització i amb el compliment del gènere, perquè sigui el més neutral possible. Com tota llengua viva, la seva terminologia també creix.

Es van adoptant també nous signes feministes i per mencionar conceptes del món LGTBI (el signe és la bandera multicolor adoptant la configuració del quatre en forma d'arc), d'una manera no sexista, amb un ànim transformador. A nivell lingüístic i/o d'assessorament lingüístic es procura que siguin signes el més inclusius possible; i els que són intèrprets o professors especialistes en llengua de signes catalana procuren emprar-los, sempre que en tinguin coneixement. Els que són ensenyants de la llengua, també. Els mestres i logopedes d'alumnes amb sordesa (per no dir «sords») busquem sempre els signes estandarditzats i consensuats. A vegades els periodistes s'equivoquen no només en el gènere sinó en com es refereixen a nosaltres com a «persones sord-mudes» que empren un «llenguatge» de signes. Errors de contingut, més greus que els de gènere, per desconeixement.

Bé, soc una dona sorda al natural, sense prejudicis ni complexos. Sense manies.

64 El gènere gramatical femení analitzat des de la perspectiva de la lingüística indoeuropea

Mariona Vernet i Pons

Professora agregada de lingüística indoeuropea a la Universitat de Barcelona
mvernet@ub.edu

Ja fa anys que la qüestió del gènere gramatical femení ocupa articles d'opinió, tertúlies mediàtiques i va guanyant terreny en el món polític i institucional: el darrer exemple podria ser el «Cant de les *segadores*», l'himne nacional de Catalunya interpretat en ocasió de la presa de possessió del càrrec del president de la Generalitat. Com a especialista en lingüística indoeuropea, voldria exposar algunes observacions a l'entorn d'aquesta qüestió, perquè sovint és comprenent d'on venim lingüísticament parlant, que podem entendre millor els motius pels quals som on som. Vagi per endavant que soc més conscient que mai del masclisme i de les injustícies flagrants que han patit i continuem patint les dones a la societat, i personalment em considero una ferma defensora de les dones; tanmateix, en qüestió de llengua, hi ha certs aspectes que s'han d'analitzar i entendre més profundament.

Sovint, un dels arguments més emprats és aquell que considera que el fet que el gènere masculí sigui el terme no marcat i el femení, en canvi, el marcat, és el resultat de molts segles de cultura patriarcal (com a 'gènere no marcat' s'entén, en aquest context, aquell gènere que engloba també el gènere femení, p. ex., «treballadors» indica tant el gènere masculí com el femení, sense necessitat de fer el desdoblament «treballadors / treballadores»). Aquesta afirmació, des del punt de vista estrictament lingüístic, no és certa (una altra cosa és que a nivell històric i social, evidentment, el patriarcat existí, però a nivell lingüístic, no). La llengua, _per se_, no és masclista: si parem atenció als nostres orígens lingüístics, el que podem observar és que la situació era una de ben diferent. L'indoeuropeu (la llengua mare de llengües clàssiques com el llatí, el grec, el sànscrit, així com de bona part de les llengües parlades actualment a Europa, Amèrica i altres territoris com Rússia, l'Iran, l'Afganistan i l'Índia), en la seva fase més antiga, només hauria distingit entre gènere animat _vs._ gènere inanimat. El gènere animat, també anomenat gènere comú, s'emprava bàsicament per als éssers vius o objectes animats, dotats de vida (ex. *_méh$_2$tr̥_ 'mare', *_suHnús_ 'fill', *_h$_3$ewis_ 'ovella'). El gènere inanimat, en canvi, designava els objectes mancats de vida o termes abstractes (ex. *_dóru_ 'fusta', *_méntis_ 'pensament') i acabà donant lloc al gènere neutre. En indoeuropeu, el tipus de flexió nominal més antiga (la flexió atemàtica, equivalent a la tercera declinació del grec i del llatí), no mostrava cap distinció formal entre temes masculins i temes femenins. Per exemple, en el cas dels substantius per 'pare' i 'filla' reconstruïts en indoeuropeu, *_ph$_2$tḗr_ 'pare' _vs._ *_d^{h}ugh$_2$tḗr_ 'filla', ambdues es declinaven de la mateixa manera, sense cap sufix distintiu. Això es pot apreciar encara millor en la concordança amb l'adjectiu. En la tercera declinació llatina, per exemple, un adjectiu de tercera declinació com _iuvenis_ 'jove' (< PIE. *_h$_2$yéw-h$_3$on-_), no presentava cap diferència quan concordava amb un substantiu masculí o femení: _mater iuvenis_ 'mare jove', _pater iuvenis_ 'pare jove'. Fou en un estadi posterior que, per tal de poder marcar o especificar el gènere femení en el llenguatge, es va recórrer al sufix *-_h$_2$_ (els «temes en -_a_» de la primera declinació grega i llatina, p. ex. llat. _fēmina_ f. 'dona'

< PIE. $^{*}d^{h}\acute{e}h_{1}\ mh_{1}\underset{\circ}{n}\text{-}h_{2}$), de la mateixa manera que, per especificar el gènere masculí, sorgiren els «temes en **-o*» (que trobem a la segona declinació grega i llatina, p. ex. llat. *lupus* m. 'llop' < PIE. $^{*}w\underset{\circ}{l}k^{w}o\text{-}s$).

En català, i enllaçant-ho amb el que acabo d'explicar, dins de l'àmbit universitari, d'uns anys ençà, s'hi observa la tendència a emprar substantius genèrics que habitualment no s'utilitzaven: *estudiantat*, en lloc d'*estudiants*, *professorat* en lloc de *professors*, etc. Aquest canvi en l'ús de certs substantius s'ha produït perquè paraules com *estudiant* o *professor* s'han reinterpretat erròniament com a únicament masculines, quan, en realitat, inclouen també el gènere femení. Com acabem de veure, en origen, aquestes paraules eren de la tercera declinació i, per tant, es remunten a un gènere animat, indiferent pel que fa al gènere gramatical masculí o femení. Aquesta constatació és important de tenir-la en compte perquè sovint, en l'intent de fer visibles les dones en el llenguatge, es corre el risc que caiguem justament en el cas contrari o fins i tot que acabem ridiculitzant-ho. Per exemple, quan hom afirma: «La Mercè Rodoreda, la millor escriptora en llengua catalana», el que està fent és justament el contrari del que fora just: reconèixer que, de tots els escriptors catalans, ella és la millor. O bé, reprenent l'exemple que he esmentat a l'inici sobre «El cant de les *segadores*», aquest títol és desafortunat per ambigu perquè, a banda de poder referir-se a les dones que segaven, també podria significar quelcom ben diferent: les màquines agrícoles de segar herba. A través d'aquests exemples, el que vull evidenciar és que, en qüestions de gènere, la llengua no s'hauria de forçar perquè, per si sola, ella no és masclista, ans al contrari, és inclusiva. Tal vegada convindria fer una reflexió profunda i preguntar-se si no som nosaltres qui, en l'intent de voler marcar el gènere femení, el que fem en realitat és separar i discriminar encara més les dones. Perquè cal tenir present que la llengua és com un castell de cartes: es manté en equilibri constant, però en el moment que hom vol treure'n una carta, hi ha el perill que s'esfondri.

65 El llenguatge políticament correcte és sexista: la fal·làcia referencialista

Joana Rosselló
Universitat de Barcelona
joana.rossello@ub.edu
@joana.rossello

L'ús d'un llenguatge políticament correcte per atacar el sexisme és un parany pel fet que no hi ha correlació entre la quantitat de gènere gramatical en una llengua i el nivell de sexisme de la societat que la parla. Així, fa gràcia que aquesta història hagi començat amb l'anglès, una llengua sense a penes gènere en una cultura en què moltes dones encara es deixen prendre el cognom en casar-se. El català i algunes altres llengües amb què es practica la correcció política tenen gènere a cabassos, però s'usen en canvi en llocs en què la dona no perd el cognom per matrimoni. Especulo aquí que a l'origen de tot això hi ha una fal·làcia que perverteix el llenguatge políticament correcte fent-lo precisament sexista ja en la incepció anglesa.

Primer, els fets. L'anglès fa una i només una distinció de gènere lingüístic (i. e., gramatical) correlativa d'una distinció de sexe (extralingüística, biològica i/o psicològica): *he* (ell) vs. *she* (ella), amb la declinació de cas acusatiu (*him* vs. *her*) i genitiu (*his* vs. *her*) corresponent. Aquesta correlació desapareix —o desapareixia?— en certs contextos en què la forma masculina s'interpreta com a genèrica perquè inclou la denotació de la femenina: *Each student*$_i$ *will get his*$_i$ *computer*, *A client*$_i$ *claimed you injured him*$_i$. Per anul·lar el masculí genèric es recorre al joc *he or she* (i formes de cas corresponents) i a un ús singular del plural *they*$_{nom}$/*them*$_{acus}$/*their*$_{gen}$. D'aquesta forma, en llenguatge políticament correcte, la primera frase esdevé *Each student will get his or her computer, Each student will get his/her computer* o *Each student*$_i$ *will get their*$_i$ *computer*; i la segona es transforma en *A client claimed you injured them*. El lector atent haurà advertit que amb les conversions han desaparegut subíndexs. No hi són allà on la interpretació que consignen és més que forçada per a qui això escriu, que no és parlant nativa. Per què un format se salva (*Each student*$_i$ *will get their*$_i$ *computer*) i els altres, no? No és aquest el lloc per aclarir-ho però sí per mostrar que les maniobres fetes sobre la gramàtica d'una llengua poden tenir efectes contraris als pretesos.

La fal·làcia referencialista. En anglès, en implantar-s'hi la versió políticament correcta, es va ignorar que la correlació lingüística-extralingüística se suspèn en la versió «sexista» quan la referència passa per lligar el pronom masculí conflictiu no al món, sexuat, sinó a una expressió prèvia en el discurs (d'aquí els subíndexs) precisament asexuada, mancada de gènere (*a student, a client*). Amb el desdoblament *he or she* (*he/she, s/he*; en els diferents casos) s'aconsegueix l'efecte contrari al pretès fent que *a student* denoti sexe a causa del desdoblament i no *per se*: a diferència del masculí genèric, la mera presència de dos pronoms de gènere diferent obliga a una referència externalista, sexuada. De fet, reblant el clau sobre aquesta interpretació, resulta que persones no binàries en anglès reivindiquen ara l'ús singular del *they* com el pronom exofòric que les defineix. Quina paradoxa i quina pobresa respecte de l'espectre sexual —més biològic—, i de gènere —més psicològic—, en els humans. El llenguatge, per sort, no presenta aquesta simplificació; és molt més sofisticat mirem la llengua que mirem: la referència directa al món no és l'única ni segurament la dominant, d'aquí la fal·làcia.

66

Gènere, cognició, i altres perills

Clàudia Pons-Moll

Departament de Filologia Catalana i Lingüística General. Universitat de Barcelona
claudia.pons@ub.edu

«A father and his daughter get in a car crash and are rushed to the hospital. The father dies. The girl is taken to the operating room and the surgeon says: "I can't operate on this girl, because she's my daughter". How is this possible?» Es faci on es faci, aquesta clàssica endevinalla (*riddle*) d'origen anglès, que he adaptat canviant el sexe de l'infant per aconseguir més paritat i per tant menys biaix, és, per a la majoria, de difícil solució, com a mínim immediata. Llevat del sistema pronominal i de possessius —***he*** *is the father*; ***she*** *is the daughter*; ***his*** *daughter*; ***her*** *father*—, l'anglès no té exponents de gènere associat a animats, ni gènere gramatical associat a inanimats: *the car is* ***white***; *the operating room is* ***white***; *the father is* ***sad***; *the daughter is* ***sad***. No hi ha, per tant, perill lingüístic de discriminació per gènere, perquè tot recau en el mateix sac: una única forma per designar masculí i femení. Tot i amb això, abans no arriba a la solució de l'endevinalla, la majoria recorre a tota mena d'explicacions menys plausibles —de fet, el pare mor uns dies després; de fet, el pare està casat amb un altre home; de fet, el pare ressuscita, o, encara, la filla és adoptada i el pare biològic és el cirurgià— que la real: no es tracta d'un cirurgià, sinó d'una cirurgiana, i és la mare.

La conclusió a què ens porta aquesta endevinalla és que el gènere lingüístic no condiciona la realitat, o, més ben dit, no condiciona la percepció que en tenim. I que per tant és innecessari, per tal com és inefectiu, mirar de manipular la llengua per canviar la concepció que tenim de la realitat i, de retruc, la realitat mateixa. Això em porta a exposar els resultats, força convincents i concloents, de la tesi doctoral de Roland V. Landor[1], en què s'analitzen, per mitjà d'una sèrie d'experiments prou sofisticats i en els quals van participar un total de 1290 individus, els efectes potencials del gènere gramatical en la conceptualització dels objectes en cinc llengües tipològicament diferents: l'hongarès (que no té cap tipus d'exponent de gènere, com la resta de llengües ugrofineses), l'anglès (amb només exponents de gènere en el sistema pronominal i de possessius), l'espanyol (que assigna gènere, masculí i femení, als elements del sistema nominal), l'hebreu (que fa distincions de gènere no només en el sistema nominal, sinó també en el verbal) i l'alemany (que, com l'espanyol, assigna gènere en el sistema nominal i, a més, compta amb la categoria «neutre»).

La tesi conclou, a diferència d'alguns estudis anteriors (per exemple, els de la mediàtica Boroditsky, amb una metodologia com a mínim discutible), que no hi ha una correlació positiva entre el gènere gramatical i la conceptualització dels objectes: els participants de l'experiment conceptualitzen els objectes com a masculins o femenins de forma homogènia, independentment de si la seva llengua nativa té gènere o no (tots els enquestats, per exemple, conceptualitzen *pont*, *cadira*, *taula*, *pistola*, com a masculí, i *anell*, *núvol*, *finestra*, *plat*, com a femení) i independentment de si un objecte determinat

1. Landor, R. V. (2013). *Grammatical Categories and Cognition across Five Languages: The Case of Grammatical Gender and its Potential Effects on the Conceptualisation of Objects*. Tesi doctoral, School of Languages and Linguistics, Arts, Education & Law Group, Griffith University.

té gènere oposat en les llengües estudiades (els informants alemanys també conceptualitzen *pont* com a masculí, tot i que tingui gènere gramatical femení en aquesta llengua: *die Brücke*; els informants espanyols també conceptualitzen *anell* com a femení, tot i que el gènere gramatical del mot és masculí: *el anillo*). La conclusió de l'estudi és que el gènere gramatical no determina la cognició, la percepció que tenim dels objectes que ens envolten, de manera que la relació forma i contingut semàntic és, tal com s'ha dit tantes vegades, arbitrària —és que potser els àrabs, que, com en hebreu, tenen fins i tot distincions de gènere en el sistema verbal, són particulament atents a visibilitzar la dona, sota la burca?—, deducció que segurament es pot extrapolar als casos de l'anomenat «gènere natural». El fet que la majoria de parlants no siguin capaços de resoldre l'endevinalla amb la qual començava aquest breu article no té res a veure amb la forma de la paraula *surgeon*, té a veure amb la nostra percepció de la realitat, més enllà del llenguatge. En el mateix estudi emergeix, però, un efecte important, que és el següent: la indecisió a l'hora d'atribuir un gènere o altre als objectes és proporcional a la complexitat del sistema de gènere de les llengües en qüestió: els participants amb resultats més clarament escorats cap a una feminització o una masculinització dels objectes són els que no tenen gènere o els que el tenen de forma molt feble (parlants d'hongarès i d'anglès); en canvi, els participants amb resultats amb més tendència a la indefinició són els que sí que fan distincions de gènere (espanyol, hebreu i alemany, en aquest ordre). Aquest és un argument addicional per entendre que la presència de distincions de gènere en una llengua, i la coincidència d'una de les formes resultat d'aquestes distincions amb la genèrica, això és, la que les engloba totes, no pot, en cap cas, fer-nos ni més simples, ni més masclistes, ni més sexistes.

67 El gènere en suahili

M. Carme Junyent

«El gènere en suahili» és el títol d'un article que vaig publicar l'any 1977 a una *Revista de literatura* que feien un grup d'estudiants de la Facultat de Filologia. Eren els anys en què es començava a parlar de la llengua no sexista i jo en aquell moment havia començat a estudiar suahili encuriosida pel funcionament de les classes nominals. Veient que les propostes per canviar la llengua s'adreçaven especialment al gènere gramatical, volia fer veure que tot i que aquest tret no és precisament universal, el masclisme sí que ho és i que, probablement, no hi ha relació entre un fet i un altre. Amb els anys, he anat veient que tot el que es proposa ja es pot trobar en altres llengües però que el desllorigador del masclisme no sembla que l'hagi trobat ningú.

El suahili, com totes les llengües bantu, classifica els substantius en classes nominals marcades per prefixos. Aquests prefixos aporten part del contingut semàntic de la mateixa manera que el gènere en les llengües romàniques pot canviar el significat d'un mateix lexema: el terra / la terra, el clau / la clau, el web / la web, etc. Si, per exemple, prenem l'arrel *-tu* en suahili, segons el prefix obtindrem diferents termes: *m-tu* (persona), *ki-tu* (cosa), els plurals dels quals són, respectivament, *wa-tu* (persones) i *vi-tu* (coses). Si ara prenem l'arrel *-ti*, podem obtenir *m-ti* (arbre) i *ki-ti* (cadira) i els plurals *mi-ti* (arbres) i *vi-ti* (cadires). Aquest sistema el podem identificar en altres llengües, en tswana, per exemple tenim *batswana* (els tswana), *setswana* (la llengua tswana) o *Botswana* (el país tswana); o, en ganda: els *baganda*, el *luganda* i *Uganda*. També en rundi: *warundi*, *kirundi*, *Burundi*.

Les classes nominals es poden explicar segons alguns criteris semàntics per bé que, com en tots els sistemes de classificació de conjunts oberts, hi ha molta arbitrarietat. En tot cas, hi ha una classe coneguda com «de les persones» on s'inclouen homes i dones. És a dir, les persones pertanyen a la mateixa classe nominal i els termes que les designen concorden de la mateixa manera siguin homes o dones. També hi ha el mateix pronom de tercera persona per a tothom.

Les llengües bantu pertanyen a una família més gran, la nigerocongolesa, les llengües de la qual conserven algun rastre dels prefixos i, en general, tenen un únic pronom per designar les terceres persones. Això ha fet que alguns feministes africans comencin a denunciar les propostes de llengua inclusiva de les llengües colonials perquè fomenten un binarisme absent en les seves llengües. L'associació gènere-sexe és tan potent, però, que pot arribar a distorsionar les descripcions de llengües. El senufo és una llengua nigerocongolesa que també té classes nominals marcades per prefixos. William Welmers explica que, fent treball de camp, va demanar a un missioner que havia après senufo si tenia classes nominals o «alguna cosa semblant al gènere en francès». El missioner va dir que no perquè el seu informant senufo li havia explicat que no hi havia cap diferència gramatical entre les paraules per a «home» i «dona». En el transcurs de la recerca, però, el mateix informant es va adonar del que volia dir Welmers i li va dir que en senufo hi havia cinc gèneres, cadascun amb el corresponent singular i plural, és a dir, deu classes nominals. L'informant era clarament conscient de l'existència de classes nominals en la seva llengua, i el missioner, víctima de l'estereotip que ens fa associar gènere a sexe.

68 Mort i vida estan en mans de la llengua (Proverbis 18,21)

Ana María Bejarano
Professora de llengua i literatura hebrees de la Universitat de Barcelona i traductora literària
@AnaBejarano6; abejarano@ub.edu

L'Acadèmia de la Llengua Hebrea s'oposa al llenguatge inclusiu, al desdoblament i als nous signes que ha creat la dissenyadora gràfica Michal Shomer i que permeten que el missatge sigui artificialment dirigit a dones i a homes alhora. Encara que estigui desenvolupant estratègies per incloure explícitament els gèneres normatius i que fins i tot proposi redactar dos textos diferents, un en femení i un en masculí, als diplomes, certificats i similars, l'Acadèmia sosté que l'idioma hebreu ja disposa d'una variant inclusiva: el masculí gramatical. Però en el seu moment no ho van interpretar pas així els rabins, que van decidir que el versicle bíblic de Deuteronomi 4,9, «instruiràs els teus fills», solament feia referència als barons, per la qual cosa durant generacions les filles van ser excloses de l'estudi de la llengua hebrea i els seus textos.

Conseqüentment, com constata la professora Rachel Elior de la Universitat Hebrea de Jerusalem, dels 100.000 llibres publicats en hebreu des de la invenció de la impremta al s. XV fins a començament del s. XX que posseeix la Biblioteca Nacional d'Israel, no n'hi ha cap que hagi estat escrit per una dona i que hagi estat publicat en la seva vida, cap ni un! Això implica tot un pogrom d'idees de conseqüències incalculables, atès que la meitat dels cervells del poble jueu van ser sistemàticament escapçats durant segles, tret de comptades excepcions. Si Déu hagués ordenat «instruiràs les teves filles i els teus fills», la vida de les dones hauria estat una altra?

En hebreu no existeix un gènere gramatical neutre, però sí múltiples marques morfològiques de masculí i femení que afecten fins i tot la segona persona del singular del pronom personal i l'imperatiu. Com la poetessa israeliana Yonah Wallach va dir als anys setanta del s. XX en el seu poema «L'idioma hebreu», l'hebreu és un idioma maníac sexual. El 2019 l'absència de formes com ara *vostè* o *vós* i la presència d'un *tu* masculí i d'un *tu* femení van portar les investigadores Tamar Kicheli-Katz (Universitat de Tel Aviv) i Tali Regev (Centre Interdisciplinari de Herzliya, Escola d'Economia) a estudiar àmpliament com influeix en el receptor del missatge el fet que sigui formulat en masculí o bé en femení. Van prendre com a mostra els enunciats dels exàmens de matemàtiques (que en hebreu forçosament han de ser redactats en masculí o en femení) i van analitzar com incidien en l'èxit dels examinands i examinandes en funció del gènere en què havien estat formulats. Normalment tots els enunciats són redactats íntegrament en masculí. El resultat va ser demolidor: quan el rebien en femení, les qualificacions de les dones milloraven d'un 30 % i les dels homes empitjoraven, encara que no tant. El resultat de l'estudi mostrava el gran poder que pot tenir la llengua a l'hora de reduir l'escletxa de gènere i el paper tan significatiu que té a l'hora de perpetuar la realitat no igualitària entre homes i dones. Queda clar, doncs, que la llengua no solament reflecteix la realitat, sinó que també la crea. Jo, que mai fins ara no havia fet servir el llenguatge inclusiu, començaré a valorar aquesta possibilitat després d'aquestes reflexions. I potser encara arribaré a veure una rectora en la meva universitat, després de 125 rectors i 0 rectores, i una presidenta de la Generalitat, després de 132 presidents i 0 presidentes.

69 El biaix europeu

Maria Bardají i Farré
Universitat de Colònia
@maria_bardaji

El principal problema del debat entorn el sexisme en la llengua és una malinterpretació del gènere gramatical. Allò que s'obvia en aquest debat és que la distinció entre masculí i femení és un principi estructural de la llengua, una norma gramatical, però no una descripció de la realitat. El caràcter formal i no conceptual del gènere es pot entendre perfectament quan ens referim a objectes, ja que llavors el gènere gramatical no ens aporta cap noció semàntica sobre el referent. Que *la taula* sigui un nom femení no transmet una informació diferent a la que transmetria si el nom fos masculí. El malentès arriba quan ens referim a persones, perquè les categories formals (el gènere gramatical) es poden utilitzar per indicar una propietat semàntica dels referents (el gènere com a construcció social). En aquesta confusió no és sorprenent que el parlant que hagi observat l'asimetria entre l'ús del masculí i el femení en la llengua, la relacioni amb l'asimetria entre homes i dones que trobem en molts àmbits de la societat. Aquesta idea és, però, errònia. Si mirem altres llengües, podem demostrar que el gènere gramatical i el gènere com a construcció social funcionen per separat i que l'absència d'asimetries en l'àmbit lingüístic no fa desaparèixer la discriminació per raons de gènere en la societat.

De fet, mentre el masclisme és universal, el més comú a les llengües del món és l'absència de gènere gramatical. En són un exemple les llengües austronèsiques. Aquesta família lingüística comprèn vora 1200 llengües que s'estenen des de Madagascar fins a l'illa de Pasqua i des de Hawaii fins a Nova Zelanda. En general, les llengües austronèsiques no fan cap distinció formal entre masculí i femení. Per exemple, en indonesi, la paraula *guru* vol dir tant 'mestre' com 'mestra'. Tampoc es fa cap distinció en els adjectius (*guru baik* significa 'bon mestre' i 'bona mestra') ni en els demostratius (*guru itu* vol dir 'aquest mestre' i 'aquesta mestra'). A més, els pronoms tampoc indiquen gènere: 'ell' i 'ella' es tradueixen amb el pronom *dia*. Només quan cal, es pot especificar si es tracta d'un *guru laki-laki* 'mestre home' o una *guru perempuan* 'mestra dona'. Aquesta estratègia per marcar el gènere només s'utilitza quan la informació és rellevant per als objectius comunicatius, de la mateixa manera que les llengües europees empren el femení (forma marcada) quan cal donar aquesta informació i el masculí quan no cal.

Ara bé, la simetria formal del sistema lingüístic austronesi no reflecteix ni dona lloc a cap igualtat social. L'evidència més clara la trobem en la manera d'interpretar o traduir aquestes llengües. Per exemple, un pronom acompanyat d'una paraula relacionada amb l'èxit o la ciència s'interpretarà com a masculí, mentre que un pronom acompanyat d'una paraula del camp de les emocions o les feines de casa s'interpretarà com a femení. Seguint amb l'indonesi, la frase *dia seorang presiden*, que no porta marca de gènere en cap de les paraules, es llegirà 'ell és president'. En canvi, *dia menangis* serà 'ella plora'. Aquestes interpretacions sexistes no només les fan els traductors que tenen com a llengua materna una llengua amb gènere gramatical, sinó també els traductors automàtics i els mateixos parlants de les llengües austronèsiques. El masclisme el patim tots, els qui marquem el gènere i els qui no. Canviar el sistema gramatical d'un grup de llengües, a part de ser una tasca que pot durar segles, és una fixació eurocentrista que ens allunya de l'objectiu. Per tant, obrim mires i ataquem el problema allà on puguem notar un canvi.

70 Filigranes amb el gènere

Itziar Aduriz Agirre
Professora a la Universitat de Barcelona
itziar.aduriz@ub.edu

De ben segur que en aquesta edició on participem tantes dones i diem la nostra sobre l'ús del gènere gramatical en la llengua, trobarem tants punts de vista diferents al respecte, com diferents són les nostres professions i mirades envers aquest tema. I potser, a vegades, repetirem les argumentacions. El que sí que segur repetirem és la idea de la complexitat a l'hora de tenir en compte les arestes de la qüestió. Així, jo en mencionaré una, sent conscient que n'hi ha d'altres i que totes estan connectades.

Si vaig acceptar la invitació de l'editora (a qui vull agrair l'empenta en l'organització d'aquest llibre i que m'hagi convidat a participar-hi), va ser sobretot per fer la meva aportació a la publicació com a altaveu d'un problema que ens anem trobant molt sovint, gairebé cada dia.

El problema és la falta d'intel·ligibilitat als textos que ens arriben amb el gènere desdoblat, des de diferents instàncies de la universitat, comunicacions de sindicats, etc. És realment incòmode, feixuc i, amb la lingüística a la mà, innecessari.

Però va més enllà de la pesadesa insofrible el fet de la incoherència a nivell de discurs que apareix a la majoria dels textos en què es fa servir aquest desdoblament de gènere. Així, a la pràctica totalitat dels textos desdoblats, es comença amb el desdoblament però no es continua fent al llarg del text, cosa que demostra la impossibilitat de ser coherent en aquesta pràctica. O a l'inrevés, com vam poder llegir en una comunicació sindical que ens va arribar per correu electrònic, en la qual començaven saludant-nos amb un «Benvolguts tots», i a la següent línia ja apareixia la forma desdoblada «professores i professors associats». Deu ser que no és natural? Per exemple, no donaríem per bo un text on se'ns comencés a parlar fent servir el tractament de cortesia *vostè*, i tot de cop, al mateix paràgraf, ens tutegessin, i potser al següent paràgraf tornessin a fer servir *vostè*. Oi que no ho veuríem correcte?

Amb tot plegat es creen textos que la majoria de les vegades, a part de pesats, són opacs i incoherents discursivament. A l'exemple de dalt, el de *professores i professors associats*, no acabem de saber si les professores no es mereixen la salutació inicial, si la carta va dirigida a les professores, associades o no, i als professors que són associats. Massa interrogants que s'obren sense necessitat i amb un dubtós rèdit.

Quan dic que el desdoblament o altres distorsions del gènere són innecessaris, ho dic perquè sabem que en català, per exemple, tenim la gran sort de poder fer servir *professors* com a forma genèrica, asexuada. I això ho entén tothom que sàpiga català i no hi ha ambigüitats que no es resolguin fàcilment, tenint en compte els contextos.

I he dit *sabem* que això és així. Ho sabem, però sembla que molts no s'ho acaben de creure, probablement per una manca d'informació, i veuen la mà fosca del patriarcalisme secular de la societat en aquesta meravellosa possibilitat. Com se soluciona això? Jo crec que hem de fer una propaganda a gran escala dels articles científics que ho expliquen ben explicat. De fet, em consta que la M. Carme Junyent ja ha començat a fer-ho a Twitter, oi?

I estirant aquest fil pedagògic i científic, vull recomanar la bibliografia sobre el tema que apareix a la pàgina web del GELA, Grup d'Estudi de Llengües Amenaçades (*http://www.gela.cat/doku.php?id=textos_genere*), on podem trobar articles molt interessants i els més escèptics podran posar llum sobre els seus dubtes.

Dins d'aquest recull d'articles n'hi ha un que em crida especialment l'atenció, per raons òbvies; és el d'Ignacio M. Roca, de 2009: «Todas las vascas son vascos, y muchos vascos también vascas: género y sexo en el castellano», publicat al *Boletín de la Real Academia Española*, tomo LXXXIX, cuaderno CCXCIX, p. 77-117. Primer comentari: és un article de 2009. Mare de Déu, la de temps que portem amb aquest embolic! Segon comentari: és un article molt clar on parla també de l'arbitrarietat del gènere en castellà, extrapolable al català cent per cent, i que va lligat amb els comentaris que he fet a dalt. En recomano la lectura. Tercer comentari: aquest exemple de desdoblament és mític. Sovint es posa com a exemple i justament va ser dit per un polític basc, que té una llengua, el basc, on no hi ha gènere gramatical als elements nominals. Si J. J. Ibarretxe volia dir «euskaldunak», 'els bascos', no calia recórrer al desdoblament i «bascos» resulta ser tan asexuada com «euskaldunak».

No tinc més espai per parlar del dubtós rèdit de fer servir aquests desdoblaments. Però jo, que em considero feminista, també crec que s'ha d'actuar per combatre el masclisme i la cruel repressió contra les dones, però si pot ser, deixant les llengües en pau.